U0918233

成为卓越教师

小学全科教师职业认同感研究

程翠萍　著

上海人民出版社

全国教育科学“十三五”规划教育部青年课题

“小学全科教师职业认同感的影响因素与培育机制研究”

（编号:EBA170441）

目录

前　言

国运兴衰，系于教育。教育决定着人类的今天，也决定着人类的未来。兴国必先强师，培养面向未来的卓越教师是新时代教师队伍建设工作的重要目标。小学全科教师作为未来卓越教师的组成部分，承载着传播知识、传播思想、传播真理，塑造灵魂、塑造生命、塑造新人的时代重任。这个年轻的群体已经为缓解农村学校师资困境贡献了巨大力量，逐渐成为未来小学教师的主流趋势。因此，这一职业既是应时之需，也是应然之路。小学全科教师充分认同自身职业的价值和角色、饱含积极热烈的职业情感、拥有精湛纯熟的职业效能，是其成为卓越教师的心理动力。职业认同感在小学全科教师的职前培养和职后工作中扮演了如此重要的角色，那么如何科学地测评其职业认同感？如何有效地培育其职业认同感？本书的写作主要源自对这两个问题的思考。

本书融合质的与量的研究方法，兼具人文性与科学性地探究了小学全科教师职业认同感。第一章系统梳理了教师职业认同感的文献研究成果，第二章提出了小学全科教师职业认同感的结构模型，在此模型基础上编制出信度和效度较高的测量工具；第三章分析论证了影响小学全科教师职业认同感的主要因素，第四章根据这些源自社会、高校、小学和教师的影响因素，提出了“四位一体”的小学全科教师职业认同感培育机制。

本书适宜广大教育学和心理学研究者、一线小学全科教师、教育管理工作者等群体研读，精炼的文字、科学的数据、严谨的论证可帮助这些读者对小学全科教师职业认同感的测评与培育有一个崭新的认识。优质的测量工具和可行的培育策略，有助于更全面地描述、解释和预测小学全科教师职业认同感的分布特征，更有针对性地提升小学全科教师职业认同感的水平，为我国打造一支“下得去、留得住、教得好”的卓越教师队伍提供有益思路。

第一章　小学全科教师职业认同感概述

教育是国之大计，党之大计；教师是立教之本，兴教之源。基础教育作为国民教育体系的重要组成部分，是教育工作的重中之重，小学教师则是决定基础教育质量的关键因素。习近平（2014）在同北京师范大学师生代表座谈时指出："教师重要，就在于教师的工作是塑造灵魂、塑造生命、塑造人的工作。"因此，推动基础教育取得长足发展需要培养一大批高素质专业化的优秀教师，尤其是对学生成长成才影响最显著的小学教师。

小学教师队伍建设成为教育发展的基础性工作，那么应该培养什么样的小学教师？对于这一问题的回答，党号召广大教师要成为有理想信念、道德情操、扎实学识和仁爱之心的好老师，做学生锤炼品格、学习知识、创新思维和奉献祖国的引路人，坚持教书和育人、言传和身教、潜心问道和关注社会、学术自由和学术规范相统一（习近平，2016）。小学教师能否达到上述"四有好老师""四个引路人""四个统一"的要求，往往与其对自身职业的认同程度密切相关。具有高度职业认同感的小学教师，能正确认识教师职业的定位，对教育事业抱有积极的情感，认可教师职业的重大价值，自信具备从教的自我效能。

第一节　小学全科教师职业认同感的内涵

小学全科教师发源于英国，发达国家在该群体的培养研究与实践过程中发端最早、理念先进、成果丰富，这得益于这些国家教育政策的主导。中国小学全科教师的出现不仅有一些政策背景支持，还依赖于不少迫切的现实背景。

一、小学全科教师产生的背景

（一）小学全科教师产生的现实背景

1. 农村小学规模受限和编制紧缩

随着中国城镇化的不断发展，人口继续向城镇集中，农村实际驻村人口数不断减少，导致农村小学的学生人数锐减。根据教育部发布的《中国农村教育发展报告 2019》，2017 年乡村在校生数为 3 418.77 万人，比 2016 年减少 140 万人，减幅为3.93％；乡村义务教育学校数为 201 633 所，比 2016 年减少7 741 所，减幅为 3.70％。与学生人数紧密相关的农村小学教师编制自然紧缩，部分教师达到法定退休年龄后，农村小学依然无法新增有编制的青年教师，所以农村小学教师人数相应逐步减少，致使不能开齐开足课程，影响了小学生的健康成长和全面发展，阻碍了教育公平的实现。

2. 农村小学教师队伍存在结构性矛盾

当前，农村小学教师队伍呈现出很多令人担忧的状况，至少表现出老龄化严重、结构性缺编、骨干力量少三个问题。首先，农村小学教师队伍整体年龄偏大，他们主要由三部分构成，即中师毕业的教师、高中及以下学历的民办教师和专科及以上毕业的教师。第一类是以前的中师毕业生，他们是农村基础教育的中坚力量，承担着农村小学教育的重任，这类教师中很多优秀的教师流入城里“名校”，剩下部分教师要么能力不强，要么年龄偏大。第二类是未接受过师范教育的民办教师，该群体由于年龄偏大、工作年限较长，教育教学经验的积累促使他们具备了一定的教育教学能力，但学历不高导致总体学识不够扎实、知识更新缓慢。第三类是由高等学校培养的专科及以上学历的毕业生，这部分教师绝大多数是分科培养，还包含一些非师范专业的毕业生，其教育教学水平难以适应纷繁复杂的农村教育实际（肖其勇，郑华，2016）。其次，农村小学的结构性缺编导致音乐、体育和美术等学科师资力量极为薄弱，农村中心校的艺术类教师尚且屈指可数，至于部分偏远的小学就只能由语文、数学等学科的教师担任这种专业性很强的艺术类课程的教学工作。此外，农村小学教师队伍结构性矛盾的另一个突出表现是骨干教师严重不足，没有出现一些能起到引领和示范作用的优秀教师。这在客观上与农村教师职后发展的不足以及优秀师资的流失密切相关。

3. 农村小学课程融合改革受阻

基于儿童认知发展需要的跨学科教学、课程整合是未来小学教育教学改革的重要方向。诸如美国、英国、芬兰等发达国家的小学教师能力最显著的表现是融合性，即根据儿童“由广到深”的认知规律特征，具备将儿童所处的生活世界和自然世界的知识进行融合展示的能力，教学设计呈现主题化、全息化、立体性的特征，让各科知识相互跨越与融合，帮助学生从整体上认识事物、思考问题。然而，现有农村小学教师的课堂教学依旧是给予孩子们支离破碎的分科知识，并不符合其认知经验和习惯，反而妨碍了儿童对真实生活世界的整体认知和形象理解。因此，这种融合课程改革由于农村小学师资能力结构的缺陷而受阻。

（二）小学全科教师产生的政策背景

2012年教育部等五部门在《关于大力推进农村义务教育教师队伍建设的意见》（教师〔2012〕9号）中指出：采取定向委托培养等特殊招生方式，扩大双语教师、音体美等紧缺薄弱学科和小学全科教师培养规模，在师范生免费教育和“特岗计划”中向音体美教师倾斜。这是政府部门首次正式提出培养小学全科教师的文件，标志着以解决农村实际问题为政策导向的小学全科教师培养拉开序幕，也表明小学教师培养由分科向全科的转变。至此，江西、湖南、浙江、广西、重庆、河南等省（区、市）纷纷响应国家号召，从2013年起全面推行本科层次的乡村小学全科教师定向培养计划，由地方高师院校承担小学全科教师的培养任务。

2014年8月，《教育部关于实施卓越教师培养计划的意见》（教师〔2014〕5号）提出在未来小学卓越教师领域，将“重点探索小学全科教师培养模式，培养一批热爱小学教育事业、知识广博、能力全面，能够胜任小学多学科教育教学需要的卓越小学教师”。由此，小学全科教师作为小学教师群体的一个重要组成部分，受到了国内教育研究与实践前所未有的广泛关注，主要集中在培养小学全科教师的什么能力、由“谁”来培养合适、怎么科学地培养、如何合理地进行课程设置、培养效果怎样评价等问题的尝试与摸索。

2015 年 6 月国务院办公厅颁发了《乡村教师支持计划（2015—2020 年）》（国办发〔2015〕43 号）再次对小学全科教师的培养实践工作起了很大的助推作用。该计划提出，“到 2020 年，努力造就一支素质优良、甘于奉献、扎根乡村的教师队伍，为基本实现教育现代化提供坚强有力的师资保障”。2018 年，国务院印发了首个专门面向教师队伍建设的政策文件《关于全面深化新时代教师队伍建设改革的意见》（中发〔2018〕4 号），该文件明确提出：鼓励为乡村学校及教学点培养“一专多能”教师。同年 9 月，教育部在《关于实施卓越教师培养计划 2.0 的意见》中指出，“重点探索借鉴国际小学全科教师培养经验，继承我国养成教育传统的培养模式，面向培养素养全面、专长发展的卓越小学教师”。经过 5 年左右研究与实践的沉淀，小学全科教师的培养工作不再是无科学理论支撑、无实践经验借鉴、无国家政策引路的盲目探索状态，而是在持续实践中不断改进与成长，逐步走上了人才培养的新台阶。比如，作为小学全科教师培养实践的典型代表，重庆第二师范学院依据基础教育改革与儿童启蒙教育发展的需要，立足重庆、辐射西南，培养德智体美劳全面发展，热爱小学教育事业并具有良好职业道德和教育理念，具备通识、学科以及专业知识、能力结构，能够胜任小学多学科教学以及综合课程设计，能够以“全人教育”理念促进儿童知识、兴趣与人性的整体启蒙，在小学以及儿童教育机构从事教学、教研以及管理等相关工作的高素质应用型人才。该校对小学全科教师的培养定位与教育部下发的《教师教育课程标准（试行）》（教师〔2011〕6 号）对未来小学教师的要求相一致，即具备“知识博、基础实、素质高、能力强、适应广”的特征。

二、小学全科教师职业认同感的内涵

由于小学全科教师较早实践于我国中西部农村小学，其往往被简单界定为“语数外通吃、德音体美全扛”，或者“样样通、科科行”的乡村教师（江净帆，2016）。同时，国内小学全科教师培养刚刚起步，许多理论和实践还停留在初步建构阶段，导致定向培养的小学全科师范生感到迷惑和茫然，无法找到专业认同感、归属感和价值感，对未来从教生涯充满无助感，可能影响其专业学习的主观努力程度和对待教育事业的态度。而在岗的小学全科教师因教学环境、薪酬福利、职称评定、晋升空间、择偶婚配等条件受限，降低了他们的职业热情、教学责任感和工作绩效，从而出现较大的离职风险（陈辉，2014）。因此，迫切需要研究小学全科教师这一特殊群体的职业认同感，厘清其重要内涵。

（一）认同与职业认同

认同（identity）一词在《汉语大词典》中有两层含义，第一层意思是“犹言承认是同一的”，另一层意为“认可，赞同”（罗竹风，1988）。而《汉英大词典》对认同的解释也有两个要点：一个是“认为有共同之处”（identify with），另一个是“认可，接受”（approve，accept，confirm）。可以看出，现代公众视角下的“认同”有名词和动词两个词性，前者强调实现同一的状态，后者关注达成一致的过程。基于这一词汇的意义理解，认同概念在心理学领域引申出更多不同的含义。一类是将认同等同于个体自我概念的建立，既可以是指自我概念的形成过程，也包含自我概念的建立结果。例如，《美国心理学百科全书》将认同定义为：①认同是指主体同化、吸收其他人或事，以建构自身人格的过程。②认同系指认识和感情的一致性，人通过认同形成自我概念

（夏征农，1989）。这种观点主要源自精神分析理论的主要代表埃里克森，该学派用“同一性”来描述认同的形成过程，同一性是指人对自己的身份或角色的确认，如回答“我是谁”或“我的身份是什么”的问题（埃里克森，1998）。另一类主张认同是个人与他人建立联系的一种情感动力和需要。比如，我国《心理学大词典》中“认同”被解释为“社会化过程中个体对他人的整个人格发生全面性、持久性的模仿学习”（朱智贤，1989）。精神分析学派创始人弗洛伊德把认同译为“自居”，是个体潜意识地向他人、群体或被模仿人物在情感上、心理上趋同的过程，是个体与他人建立原始情感联系的一种形式（车文博，1988）。

根据认同方式不同，认同划分为个人认同和社会认同。个人认同是指个体对自己一定独特性的意识，即个体在时空上确立自己是同一个人而不是其他人；社会认同则是个体对自己处于一定社会群体、社会类别或社会范畴的意识（张敏，2006）。社会认同的对象涉及其所生活的社会环境的方方面面，其中非常重要的一个内容就是职业。职业是社会分工体系中的一种劳动角色类别，是人们为了获取经常性的收入而从事的某种活动。故职业认同属于社会认同的一种特殊形式。依据上述认同的第一类心理学解释，可以将职业认同理解成个体选择用“正在从事职业的状况”来回答“此刻我是谁”这个自我概念有关问题的过程和结果。从认同的第二类心理学含义看，职业认同可以被视为个体向工作环境中同事的各个方面趋同的需要，并建立积极的情感联系的过程。在本书中，职业认同（professional identity）反映的是个体对自身所做工作的相对稳定的、整体性的认可和赞同的态度，包含了职业价值的评价、职业情感的表达、自身扮演的职业角色等具体内容。

（二）职业认同感与教师职业认同感

本书中职业认同与职业认同感两个概念既存在密切的联系，也有少许差别。从词性上看，职业认同既可以是动词，也可以是名词，而职业认同感是名词。从含义上分析，职业认同可以是对职业的认同状态，也可以是认同职业的过程；但职业认同感更强调的是个体在职业认同过程中的具体心理感受。从可测性的角度，职业认同涉及行为复杂多样，不利于测量；而职业认同感作为个体的心理体验，更容易被测量。然而，实际上此研究领域中由于两个概念的含义大体一致，多数研究者将两者通用（魏淑华，宋广文，2005）。因此，本书虽重点探讨职业认同感这一概念，但不对两者做严格区分。

教师作为人类社会最古老的职业之一，对人类文明的传承与发展起到了关键作用。教师群体的职业认同反映的是教师对自身职业积极的整体的看法。本书认为，教师职业认同感（teacher professional identity）是一个多维的概念，指教师对自身职业的积极的认知评价、情感体验和行为倾向的综合体。小学全科教师属于基础教育领域教师群体的重要成员，其职业认同感也是该群体对教师这一职业的综合性态度，即积极的认知、体验和行为倾向的有机整合。

第二节　小学全科教师职业认同感的特征和价值

小学全科教师的职业认同感作为一种内隐的深层观念或态

度，支配着他们对教育教学活动的观念和行为选择，影响着教师在肩负基础教育使命中的自主性、独特性和创造性的发挥。某种程度上，职业认同感被看作支配小学全科教师行动的“核心价值”和“深层指令”。

一、小学全科教师职业认同感的特征

（一）自我卷入高

如前所述，认同本身就是个体自我概念建立的过程和结果表现，也被看作一种相对稳定的职业态度或自我概念，包括承诺、忠诚、自我评价等（蒲阳，2016）。教师是一种高度自我涉入的职业，教师的职业认同就是教师个人对自己身为教师的概念，职业认同过程定然是涉及高水平的自我卷入。在小学全科教师的职业认同感形成过程中，社会的要求、他人的观念和期望都可能产生影响，他们会朝着社会期望的专业形象努力。例如社会公众眼中“学高为师、身正为范”这样的教师职业角色观念，经过长期实践便会内化成为教师自我概念的一部分。特别是小学全科教师可能面临比较艰苦的工作环境，他们对教师职业的认同感更多内化到人格的核心，即自我层面。

（二）多维度共存

小学全科教师的职业认同感并非单一的结构，而是有多个子认同组成，这些子认同系统可能是和谐的，也可能是不一致的，甚至矛盾的，它们的协调程度可能各不相同。教师职业认同感就像一部戏剧，反映了鲜明的共同主旨，但每个角色有各自不同的表现。小学全科教师的职业认同感中共存的多个不同维度，可以是对教师职业角色的认可，也可以是对教师行为表现的赞同，还可以是对教师职业价值的肯定等。

（三）动态不平衡

虽然教师职业认同这种态度是相对稳定，但教师从自己的经历中逐渐发展、确认自己的教师角色的过程也不是一蹴而就、固定不变的（宋广文，魏淑华，2006）。从专业发展的观点看，教师职业认同的形成不仅仅在于回答“现在我是谁”，更要回答“我想要成为什么样的人”。尤其是教师处于不同职业发展阶段，关注的重点由生存、发展到情境，最终到学生，导致其职业认同感水平也是动态的发展过程。因此，小学全科教师的职业认同感也会随着从教的经历、学生的不同、周围环境的变化而产生相应变化。如前所述，教师职业认同感是多维共存的，教师对其每个要素之间的认同水平可能有差异，表现出鲜明的不平衡性。就像有些初任教师高度认同其职业价值，饱含炽热的职业情感，但职业效能感和职业角色的认同并不如经验丰富的资深教师。

应当指出，无论怎样谨慎地对小学全科教师职业认同感进行界定，用某个甚至某几个指标来界定职业认同感都可能出现例外和不协调的情况，不只是与其他研究者的想法会有不一致，甚至同一研究者也可能会前后不一致。这也表明，小学全科教师的职业认同感确实是一个复杂的、开放的动态系统。

（四）个性化建构

每个教师对自身职业的认同都不完全一样，除了社会大众对教师职业的角色期许，还有更多源自个性化的自我建构。而且，教师在职业认同的发展过程中也是积极主动的，认同形成的过程具有教师个人的独特性。目前，小学全科教师多就职于农村小学，该群体基于乡村情怀的职业认同感与普通教师的职业认同感也有些差别，这些差别便是个性化建构的体现。

二、小学全科教师职业认同感的价值

俗话说："干一行，爱一行"。但如果能先爱上一行再干一行，其工作效率一定是非常高的。一名由于完全认同教师职业而从事教育工作的小学全科教师，其教学效果肯定是优质的。因为职业认同感是小学全科教师专业发展需要奠定的心理基础，是小学全科教师自我成长的内在动力，影响着小学全科教师的教学态度和教学行为。

（一）强化小学全科教师的教育情怀

乡村小学教师是农村教育发展宝贵的财富，这些教师不仅要具备扎实的专业理论知识和技能，而且更需要他们对教师职业有思想和精神上的认同。因为职业认同影响青年教师献身教育事业的自觉性，教育事业因他们爱的传递愈发闪耀。实际上，小学全科教师如果对教育工作的伟大价值以及职业角色充满认同，他们会热爱农村教育事业，敞开无私的胸怀，主动肩负教书育人的使命，全身心投入小学生的教育，无怨无悔地在教育园地上耕耘不辍，将促进每一个学生的全面发展作为终身的职业坚守和追求，在坚守教师职业中增强获得感、荣誉感、幸福感（韩延伦，刘若谷，2018）。尤其是在与农村小学生的心灵交往中，甘愿成为守望农村学生成长成才的灯塔，从而强化小学全科教师的理想信念、道德情操和仁爱之心的教育情怀，使他们青春的光彩在与中国梦的同频共振中竞相绽放。

（二）提升小学全科教师的教书育人素质

素质教育的关键在于教师的素质。教师素质的高低与其是否适合和喜欢从事教师职业有直接的关系。基于高度热爱教育事业的小学全科教师，会自觉将立德树人作为教育的根本任务，有不断完善自身教书育人素质的强烈愿望，并激发其主动提升教育教学专业知识与技能的满腔热情。这种对教育事业的积极情感，促使教师以充沛的精力投入教育教学工作，专研小学生身心发展和养成教育规律，利用现代教育技术创新小学课堂教学方式，掌握班级组织与建设的工作规律和基本方法，在广泛的教育实践中着力提升自身的教师核心素养。因此，教师职业认同是教师创造性地做好教书育人工作的心理基础。

（三）引领小学全科教师的职业发展方向

教育是心灵的事业，也是创造幸福的职业。只有职业认同程度高的小学全科教师，才会以优秀的人民教师作为终身职业发展目标，并自愿追求自我主体性的职业发展。小学教育工作需要在具体实践中反思，承担这类工作的教师则在研究自身经验和改进教育教学行为的过程中实现专业发展。小学全科教师对所从事的职业认同有积极的自我效能，就会忽略由不良的工作条件所带来的不快，调适职业倦怠和工作压力，避免出现“厌教”和“跳槽”现象（蒋晓虹，2012）；把从事教师职业当作一种幸福，把教育看作最能为人类幸福服务的崇高事业。总之，职业认同感对小学全科教师专业化发展具有促进作用，是小学全科教师获得职业发展的内在心理条件。

第三节　教师职业认同感的研究述评

教师职业认同已经逐渐成为教师教育研究领域的一个独立主题。前文已对小学全科教师及其职业认同感的特征与价值进行了简要的论述，但这并非国内外教育学、心理学研究者关于这个概念研究成果的全貌。接下来将对教师职业认同感的学术界定、理论解释、测量工具、影响因素、主要功能进行系统述评。

一、教师职业认同感的学术界定

在这个研究领域，首先要厘清的问题就是教师职业认同感的学术定义，因此，众多研究者先后阐述了自己对教师职业认同感内涵的看法。在观点多元的教师职业认同领域，影响比较大的主要有四个不同的研究视角：自我概念说、共有特征说、意义建构说和综合体验说。

（一）自我概念说

关于教师职业认同感的定义，出现比较早的是自我概念说。自我概念说立足于认同概念的起源，把职业认同与教师的观念或自我概念联系在一起。因为“认同”的概念最早可以追溯到弗洛伊德在解释超我形成时的“自居作用”，其后埃里克森提出“自我同一性”，用来表示个体所体验到的自我的连续性、独特性和整合感。可见，认同一开始就是和自我联系在一起的，特指个体自我统整的体验。典型的观点如 Bullough，Baughman 和 Berliner（1997）主张教师职业认同是教师对教与学以及作为教师的自我的信念。又如，Kelchtermans（2000）认为教师是一种高度自我涉入的职业，教师的职业认同就是教师个人对自己身为教师的概念。这一观点得到了部分国内研究者的支持，如吴慎慎（2002）指出教师职业认同是教师个人对自己身为教师的概念，是教师知觉工作情境、赋予意义并采取行动的核心。类似的观点还有将职业认同视为教师个体在将自己的职业角色内化为自我一部分的过程中，内化的职业角色和自我其他部分建立一致性关系的过程及其结果（张丽萍，陈京军，刘艳辉，2012）。

（二）共有特征说

第二类教师职业认同感的定义是共有特征说。该观点从教师职业角色的角度，认为教师职业认同就是由别人及教师自己加在教师职业上的一系列特征，这种特征不是一般性的表现，而是可以将教师群体区别于其他群体的关键特征（Sachs，2001）。这些重要的特征包含社会给予教师职业的期望，如“人类灵魂的工程师”“辛勤的园丁”等。同样，Graham 和 Young（1998）指出教师的职业认同是用来刻画理想教师表现出的特征的东西，也是教师们所认为对他们的职业很重要的特征（Paechter & Head，1996）。

（三）意义建构说

相比关注教师职业的角色特征和自我卷入情况，意义建构说侧重于从认同主体与客体的关系出发，强调主体与客体之间的相互作用关系，主张教师职业认同从来不是预设的，而是在各种社会情境中解释和建构而成。例如，Sleegers 和 Kelchtermans（1991）认为教师的职业认同是教师通过与环境的互动来建构关于他们自己和他们职业的当前意义的结果。之后也有研究者认为职业认同是教师的个体经验与他们所处的社会环境、文化环境和制度环境之间相互作用的结果（Van den Berg，2002）。与之类似，秦奕（2008）将教师职业认同解释成基于自身经验对其自身专业发展过程中所面对的各种矛盾与冲突加以自主性的理解与解决，从而形成有目的、主动的自我理解与自我接纳的生活态度的过程。

（四）综合体验说

近期被较多研究者赞同的是综合体验说，强调从教师本人对教师职业的感知、体验、评价的角度，综合前述三种观点研究教师职业认同感。比较有影响力的是魏淑华（2008）认为教师职业认同是教师对其职业及内化的职业角色的积极的认知、体验和行为倾向的综合体。在此定义的基础上，蒲阳（2016）认为教师职业认同是教师对其职业的感知理解、情感态度和行为倾向的动态过程及发展程度的综合体系。另有研究者直言教师职业认同是教师个体对自身职业的一种综合态度，是对“个体”与“职业”在互动整合过程中的认知、感受以及行为倾向的综合体（李笑樱，闫寒冰，2018）。

二、教师职业认同感的理论解释

（一）教师职业认同发展三阶段理论

杨玲（2014）将中小学教师职业认同的形成和发展过程分为三个阶段六个时期，并详细分析了各阶段的发展特点、发展任务及制约因素。该理论认为教师的职业认同感发展分为职前阶段、入职阶段、成熟阶段，每个阶段依次包含朦胧期和职业初定期、职业初入期和职业适应期、职业高原期和职业稳定期。由于中小学教师在每个阶段可能遇到不同的宏观和微观教育情境，表现出差异化的发展特点，面临相应的职业发展任务，具体结果见下表1-1。据此职业认同感三发展阶段理论从师范生的选拔和培养，以及教师的入职与在职培训等方面分析了对中小学教师专业成长的启示。

表 1-1　中小学教师职业认同的发展阶段理论

发展阶段		发展特点	发展任务	主要影响因素
职前阶段	职业朦胧期	认知模糊化 情感朴素化 倾向未确定	了解教师职业 形成积极情感 发展职业倾向	学校体验 教师因素
	职业初定期	认知肤浅化 情感理想化 目标初确定	认识教师角色 确定职业目标 树立教育理想	入学动机 专业学习及实践 环境因素
入职阶段	职业初入期	认知冲突化 情感焦虑化 倾向波动化	稳定职业情绪	职业价值观 职业效能感 重要他人及组织支持
	职业适应期	认知深入化 情感特质化 倾向稳定化	形成健康的 职业价值观	人格特质 学校文化
成熟阶段	职业高原期	认知迷茫性 情感消极性 倾向波动性	确定新目标 激发新激情	情绪智力 组织环境
	职业稳定期	认知丰富化 情感深沉化 倾向稳定化	形成内在发展的 教育理想与价值观	知识技能 人格特质

（二）教师职业认同感发展的影响因素理论

Hong（2010）通过研究处于不同教学职业阶段的教师对自身的认知存在差异，发现了教师在职业认同感的形成、发展到离职的过程中主要的影响因素。这些因素主要是教师职业价值、教师职业效能感、教师职业承诺、教师职业情感、教师职业知识/信念、职业微观政治环境。六个因素之间互相影响，共同作用于教师的职业认同感。在教师的职业发展初期，教师对教学的认知倾向于幼稚、理想化，教师职业信念和职业价值的作用占主导地位；相反，已经面临离职的教师，其职业情感倦怠的程度最高，多数负面情绪来源于学校不合理的管理制度。具体因素的作用如图 1-1。

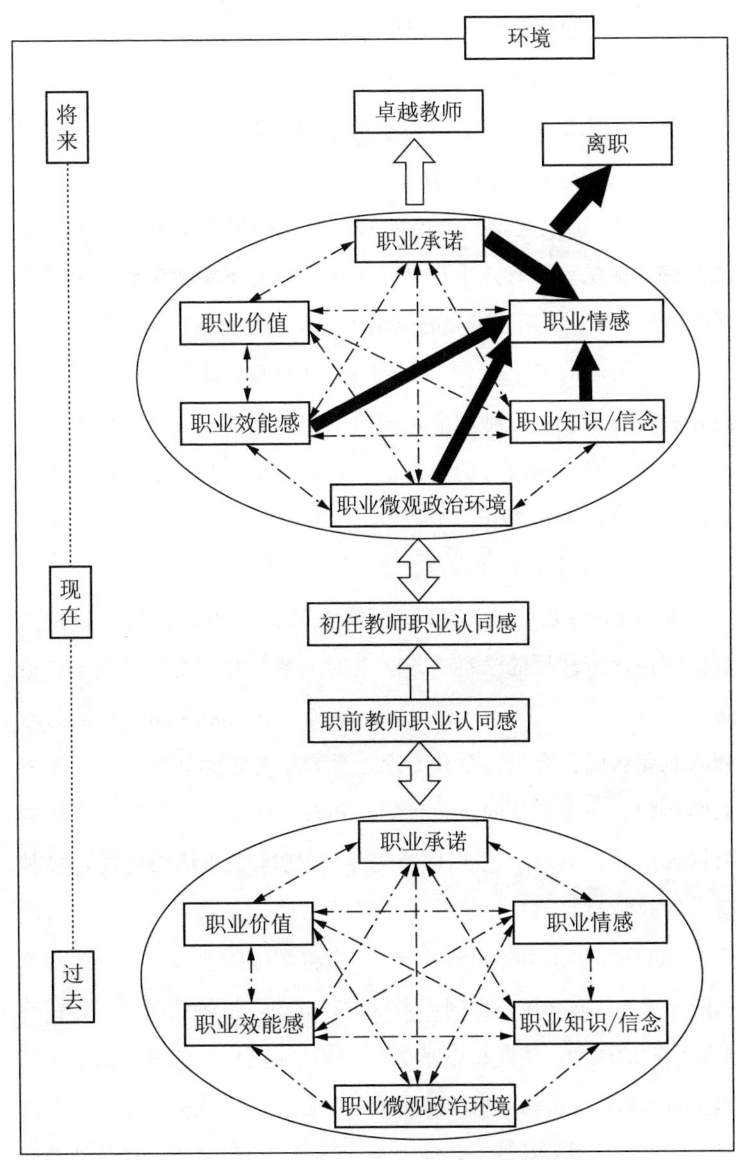

图 1-1　教师职业认同感发展的影响因素理论

三、教师职业认同感的测量工具

除了关注教师职业认同感的定义和解释理论，还有不少研究从不同侧面或层面探讨这一概念的结构要素，并在此基础上设计教师职业认同感的测量工具。早期研究者借鉴 Mael 和 Ashforth（1992）设计的只包含一个维度的组织认同问卷研究教师的职业认同感，该量表只有六个小项目，由“非常不赞成”到“非常赞成”7 点计分，利用该量表施测结果检验其复合信度为 0.73（Hekman，Steensma，Bigley，& Hereford，2009）。接下来，将详细论述几种有代表性的教师职业认同感的测量工具，为方便读者快速查找不同因素结构成分的具体情况，此处将教师职业认同结构成分摘要汇总在表 1-2 中。

（一）三因素结构及测量工具

Beijaard（1995）从教师知识掌握的视角出发，提出教师职业认同包含所教授的学科、与学生的关系、教师的角色或角色概念三个方面。之后 Beijaard，Verloop 和 Vermunt（2000）认为教师的职业认同包含了对学科专家、教育学专家和教导专家三个方面的认同，即学科认同、教育认同和教学认同。他们以这三因素结构为指导，编制了包含 14 个项目的教师职业认同问卷，多种信度和效度检验结果显示符合测量学要求。

Meyer，Allen 和 Smith（1993）则将教师职业认同划分为情感认同、持续认同和规范认同三个维度。其中，情感认同指个体情感上对职业的依恋、认同和心理投入；持续认同指个体继续从事某一职业的感知；规范认同指个体出于对职业忠诚的规范。在该职业认同三维理论模型的基础上，汤国杰（2009）提出高校体育教师的职业认同由情感认同、规范认同和持续认同三个因素构成。之后的量表编制及信效度检验发现，普通高校体育教师职业认同感分为职业情感受益感、职业自我规范感、职业动力感3个因子，量表共有24个题项测量，信效度基本达到统计学要求（汤国杰，高可清，2011）。

Cheung（2008）为香港在职教师编制了教师职业认同量表，从学生需求、学校事务、个人成长与发展三个方面测量教师对职业行为的履行程度。该量表包括19个项目，采用李克特五点计分，从1表示“非常不同意”到5表示“非常同意”，三个维度的内部一致性系数介于0.83～0.89，探索性因素分析和验证性因素分析现实结构效度良好。

孙利和佐斌（2010）通过半结构式访谈和问卷调查，编制了中小学教师职业认同量表。该量表包含职业认知、职业情感、职业价值三个维度，其中职业认知指教师对待职业表现出的责任心和上进心，职业情感是指教师面对职业的心态，职业价值指职业带给教师的价值感。该量表共有17个项目，采用6级计分，从“完全不符合”到“完全符合”6个等级，经检验之后的内部一致性信度、重测信度、结构效度、效标效度良好。

张丽萍、陈京军和刘艳辉（2011）以詹姆斯（2019）对经验自我的分类为理论基础，即客我分为物质自我、社会自我、精神自我，提出教师职业认同由职业—物质我、职业—社会我、职业—精神我三个维度组成的构想。几乎同时，三位研究者探索性地编制了测量农村教师职业认同感的标准化问卷，该问卷由上述构想中的三个维度构成，包含13个题项，多种信度和效度的验证指标都符合测量学要求（张丽萍，陈京军，刘艳辉，2012）。

李笑樱和闫寒冰（2018）以教龄一年以上的教师为研究对象，提出教师职业认同感是一个由教师职业价值观、教师职业归属感、教师职业效能感构成的三因子结构。其职业价值观包含教师个体对职业的社会价值的认识，职业归属感包括对教师角色及对所在组织的归属感，职业效能感指的是教师对自己能否胜任教师职业的信念。两位研究者在此理论构想的指导下，编制了教师职业认同感问卷，三个因素依次有 5 个题项、5 个题项、4 个题项，共计 14 个题项，经检验问卷信度和效度良好。

此外，有些研究者提出了三因素结构，但尚未直接借鉴这些结构模型以编制相应的测量工具，例如，研究者从个体与群体关系互动的角度提出了教师职业认同是由个人因素、集体因素、相互作用因素构成的三因素模型，每个因素中又包含了认知、情感、行为和社会四个方面（Brickson，2000）。限于篇幅，本书中不对其他没有设计测量工具的三因素结构做详细介绍。

（二）四因素结构及测量工具

Kremer 和 Hofman（1981）认为教师职业认同包括了四个维度的认同：向心性（centrality）、价值（valence）、团结（solidarity）和自我表现（self-presentation）。他们认为第一个维度向心性是教师职业的重要性、意义以及相互之间的连接，第二个维度指教师职业的价值和吸引力，第三个维度团结意为做好准备与教师群体建立命运共同体，最后自我表现是指被他人认同为教师的意愿。他们根据这四个因素编制了一份职业认同量表，该量表有 19 个题目，采用六点计分，信度和效度都达到测量学要求。

魏淑华、宋广文和张大均（2013）提出教师职业认同是一个由职业价值观、角色价值观、职业归属感、职业行为倾向四个因子构成的概念，该研究团队以此为理论基础，编制出了《中小学教师职业认同量表》。该量表共 18 个题项，每个题项均是从“完全不符合”到“完全符合”进行李克特5点计分，得分越高表示教师职业认同程度越高。量表内部一致性信度为0.893，重测信度为0.902，以自评职业认同水平的等级为效标的关联效度为0.510,说明该量表具有较好的信度和效度。

还有研究者提出中小学教师职业认同的构成要素包括角色概念、职业价值、职业自豪感和职业自尊四个因素（李晔，董英，袁晶，严俊，2013）。该研究团队通过调查1 081名中小学教师对该理论模型进行检验，由此得到了由20个项目组成的教师职业认同问卷。该问卷采用6点计分，从0到6的连续刻度，依次代表“非常不认同”“基本不认同”“有些不认同”“有些认同”“基本认同”“非常认同”，信度和效度检验结果均说明问卷适宜测量中小学教师职业认同感。

（三）五因素结构及测量工具

主张教师职业认同感由五因素构成的研究者集中探讨的是体育教师。其中周珂，王崇喜和周艳丽（2012）在文献分析和半结构式访谈的基础上，提出中学体育教师的职业认同是一个由价值认同、情感认同、能力认同、持续认同和投入认同五个因子构成的多维度结构。该研究编制的《中学体育教师职业认同量表》包含18个题项，各维度3～5个题项，采用李克特式5点评分，后续验证性因素分析检验显示该量表具有较好的信度和效度。另一项关注校园足球教师职业认同感的研究结合社会认同理论和教师访谈，得出该群体的职业认同感由情感认同、效能感认同、目标认同、信念认同和持续认同五个因子构成，并设计了包含21个题项、信度和效度达标的《校园足球教师职业认同量表》（耿家先，吴瑛，孟繁莹，田蕊，邢聪，2017）。

（四）六因素及以上结构及测量工具

1. 六因素结构模型

宋广文和魏淑华（2006）根据对部分中小学教师的访谈记录，设计了六个因素构成的《中小学教师职业认同状况调查问卷》，六个因素分别是职业认识、职业情感、职业意志、职业技能、职业角色期望和职业价值观。问卷采用李克特式五点记分，共25个题项，各个因素包含的题目为3～5个；分数越高，表明教师的职业认同程度越高。持六因素结构观的其他研究主要是分析某类教师的职业认同感结构与测量。例如，关文军和王阳（2014）针对少数民族双语教师职业认同的研究，这六个因素包括双语教育认同、职业价值认同、职业情感认同、职业支持感、职业行为倾向和职业能力认同。两位研究者以此六因素结构为基础编制了《少数民族双语教师职业认同量表》，共有28个题项，从“完全不同意”到“完全同意”，记为1～5分，数据统计表明量表具有良好的信效度。还有研究探讨了幼儿园教师职业认同的结构要素，结果发现目标确信、情感归属、投入意愿、胜任效能、持续承诺和人际支持是此类教师职业认同的主要成分，并开发了包含28个题项的《幼儿园教师职业认同问卷》，该问卷5点计分从“非常不符合”到“非常符合”，信度效度符合测量标准（秦奕，2008）。

2. 七因素结构模型

Starr等人（2003）通过小组访谈教授医科学生和住院医生的社区医生教师，发现“内在的满足感”“成为一名医生意味着成为一名教师”“感到教授医学生的责任”和“分享临床专业知识”也成为教师职业认同的重要主题。之后该团队研究了承担教学工作的临床医生，认为教师职业认同可归纳为三个方面（含七个维度）：情感方面（教学中的内在满足感、群体归属感、教学责任感、从教学中获得回报）、专业知识技能（拥有教学知识和技能、与学习者分享经验）、认知方面（自己既是一名医生也是一名教师）；设计了测量工具对临床教育工作者教师身份的七个要素进行初步测试，预测了其潜在的应用可能性（Starr，Haley，Mazor，Ferguson，Philbin，Quirk，2006）。

3. 九因素结构模型

于慧慧（2006）根据访谈结果，提出中学青年教师的职业认同包含 9 个维度：职业能力、职业意义、职业特征、对领导的认同、对同事的认同、对学生的认同、对工作回报的认同、对工作背景的认同、对所在学校有归属感的判断。她设计的《中学青年教师职业认同问卷》共有 45 个项目，也是根据符合程度进行李克特式 5 点记分，信度和效度检验结果显示问卷信度和效度尚可。

还有些研究者关注职前教师的职业认同感，得到了与在职教师职业认同感相似的结构。例如赵宏玉等人（2011）结合免费师范生的实际特点，提出了免费师范生教师职业认同的三维结构模型，即内在价值认同、外在价值认同、意志行为认同构成了教师职业认同感。在利用实证数据对三因素结构进行了探索与验证之后，编制了包含 15 个题项的《免费师范生教师职业认同量表》（赵宏玉，兰彦婷，张晓辉，张燕，2012）。另一项研究也发现师范生教师职业认同是三个因素结构，即职业价值认同、职业发展意愿和职业准备行为，该研究团队基于此三因素构想所开发的师范生教师职业认同量表信效度较好（马红宇，蔡宇轩，唐汉瑛，吴伦敦，李凯，周宗奎，2013）。然而，Lamote 和 Engels（2010）认为师范生的职业认同包含教学承诺、职业取向、任务取向和教师自我效能感四个因素。王鑫强等人（2010）则发现师范生职业认同感是四因子结构，分别是职业意愿与期望、职业意志、职业价值和职业效能四个维度，他们也据此编制了共 12 项题目的《师范生职业认同感量表》，还比较了免费师范生与一般师范生的教师职业认同感差异（王鑫强，肖明玉，2013）。

表 1-2　教师职业认同感的结构成分摘要

因素个数	提出者	因素名称
单因素	Mael 和 Ashforth（1992）	组织认同
三因素	1. Beijaard，Verloop 和 Vermunt（2000）	学科认同、教育认同、教学认同
	2. Meyer，Allen 和 Smith（1993） 3. 汤国杰（2009）	情感认同、持续认同、规范认同
	4. Cheung（2008）	学生需求、学校事务、个人成长与发展
	5. 孙利和佐斌（2010）	职业认知、职业情感、职业价值
	6. 张丽萍，陈京军和刘艳辉（2012）	职业—物质我、职业—社会我、职业—精神我
	7. 李笑樱和闫寒冰（2018）	职业价值观、职业归属感、职业效能感
	8. Brickson（2000）	个人因素、集体因素、相互作用因素
四因素	1. Kremer 和 Hofman（1981）	向心性、价值、团结、自我表现
	2. 魏淑华，宋广文和张大均（2013）	职业价值观、角色价值观、职业归属感、职业行为倾向
	3. 李晔，董英，袁晶和严俊（2013）	角色概念、职业价值、职业自豪感、职业自尊
五因素	1. 周珂，王崇喜和周艳丽（2012）	价值认同、情感认同、能力认同、持续认同、投入认同
	2. 耿家先，吴瑛，孟繁莹，田蕊和邢聪（2017）	情感认同、效能感认同、目标认同、信念认同、持续认同

（续表）

因素个数	提出者	因素名称
单因素	Mael 和 Ashforth（1992）	组织认同
六因素	1. 宋广文和魏淑华（2006）	职业认识、职业情感、职业意志、职业技能、职业角色期望、职业价值观
	2. 关文军和王阳（2014）	双语教育认同、职业价值认同、职业情感认同、职业支持感、职业行为倾向、职业能力认同
	3. 秦奕（2008）	目标确信、情感归属、投入意愿、胜任效能、持续承诺、人际支持
七因素	Starr，Haley，Mazor，Ferguson，Philbin 和 Quirk（2006）	教学中的内在满足感、群体归属感、教学责任感、从教学中获得回报、拥有教学知识和技能、与学习者分享经验、自己既是一名医生也是一名教师
九因素	于慧慧（2006）	职业能力、职业意义、职业特征、对领导的认同、对同事的认同、对学生的认同、对工作回报的认同、对工作背景的认同、对所在学校有归属感的判断

四、教师职业认同感的影响因素

如前文所述，教师职业认同感是一个复杂的多维结构，其形成与发展过程受到多重因素的交互影响。学者们在研究教师职业认同感的影响因素方面取得较为丰硕的成果，既有教师性别、教龄、学习经验等的个体因素，又有家庭支持、朋友支持等社会支持系统，还有学校文化氛围、师生关系等教学环境因素，总之这些影响因素大致有教师个体因素、社会支持系统、教学环境因素三大类。

（一）教师个体因素

1. 人口学变量

性别对教师职业认同感的影响是研究者最常探讨的问题，所得结果莫衷一是。宋广文和魏淑华（2006）调查发现女教师的职业认同程度比男教师高；与之相似的是于慧慧（2006）的研究结果发现，女教师的职业认同水平比男教师在九个维度上都要高。同样，关于农村中小学教师职业认同现状调查也显示，女教师比男教师具有更高的职业认同，女教师更满足于当前的工作环境和工资收入，教师职业更能实现自己的价值（李壮成，2009）。一项关于湖北省中小学教师的调查也说明，女教师的职业认同在各个维度上都要高于男教师（孙利，2011）；另一项调查宁夏农村特岗教师职业认同状况的研究也支持男教师比女教师的职业认同感低的结论（马笑岩，2015）。李倩和王传美（2018）对我国2005年至2017年时间段中小学教师职业认同研究进行了元分析，结果表明中小学教师的性别差异对其总体的职业认同程度具有中等效应的影响，男性教师的职业认同程度普遍不如女性教师。不一样的是，还有不少探讨教师职业认同感的研究结果并不支持性别差异的存在。例如蔡莉（2008）对农村中学教师的调查结果显示，男教师与女教师具有同等水平的职业认同感；类似无性别差异的结果也出现在了周珂，王崇喜和周艳丽（2012）针对中学体育教师职业认同的调查中，此结果说明在学校文化中更倾向于用“体育教师”而不是“女教师”来定位女体育教师。严玉梅（2008）以湖南省高等院校教师为研究对象，发现性别变量对高校教师职业认同没有影响。另一项关于黑龙江省部分中小学教师的调查结果表明，他们的职业认同在性别特征因素上差异不显著（李春英，丛培江，2011）。

教师的年龄/教龄也是备受关注的重要影响因素，但研究结果大相径庭。魏淑华（2008）的研究结果显示，不同教龄教师的职业认同水平存在显著差异，21～25 年教龄的教师显著低于 6～10 年、16～20 年、26 年及以上教龄的教师。类似地，一项关于湖南长沙城区初中教师的调查发现，25 岁及以下年龄段的教师与 41～50 岁年龄段的教师的职业认同差异显著，前者得分显著高于后者（邹慧明，刘要悟，2014）。不一样的是，也有研究认为 10 年以内教龄的农村教师相对其他教龄阶段的教师来说，职业认同感更低一点；整体而言随着教龄增加，职业认同感增加（范晶晶，闫阅，张荣华，2016）。相反，杨春艳（2013）针对湖南城市小学教师的调查得到，不同教龄教师的职业认同状况不存在显著性差异，这种无显著差异的结果也出现在李春英和丛培江（2011）的调查中。

教师的职称也是研究者比较青睐的影响职业认同感的因素之一，研究结果也不太一致。例如，徐新年（2006）的研究表明高校体育教师在职称上存在显著的职业认同差异，表现出教师的职称越高，职业认同水平越高的趋势。之后方明军和毛晋平（2008）研究普通高校专业教师，却发现教授、助教、副教授的职业情感认同都高于讲师。类似的结论也出现在中小学教师群体中，宋广文和魏淑华（2006）对中学教师的研究中，即中学高级职称教师的职业认同程度比中学三级、中学二级教师高。但是也有研究者调查得到截然相反的结论，不同职称的中小学教师在职业认同感上存在显著差异，且随职称的升高而降低（赖允珏，李臣之，陈瑶，张利纯，2018）。不一致结论还出现在程岭（2013)对甘肃省某县 414 名农村中小学教师的问卷调查中，结果发现教师的职称与其职业认同感之间负相关关系没有达到显著水平。

还有不少研究关注了学段对教师职业认同的影响。魏淑华（2005）实用问卷调查得出，小学教师的职业认同程度比中学教师高。之后赖允珏等人（2018）调查证实不同学段教师在职业认同感方面存在显著差异，其中小学教师认同感得分最高，高中教师次之，初中教师最低。张月（2018）的研究得到了相同的结论，即学段是影响教师职业认同的重要因素，具体表现为小学＞高中＞初中教师的职业认同。不过这些结论与早期研究者的观点相反，如有调查显示高中阶段农村教师的职业认同度高于义务教育阶段的农村教师（于兰兰，吴志华，2011）。

值得注意的是，教师所属地域差异也被部分研究者涉及，包含了城乡和地区之间的比较。比如，研究者调查了湖南省 5 个小城市中学青年教师职业认同的状况，调查结果表明城区教师各个因素的认同度都高于乡镇教师（刘要悟，于慧惠，2008）。类似的还有郑桂芳（2011）对邢台市区及其下属 6 个县中小学教师的调查发现，其职业认同状况并不是很理想，且城乡中小学教师存在差距。不一样的是，焦瑞超等人（2015）中小学教师的外显职业认同存在城乡差异，乡镇教师显著高于城市教师；而在内隐职业认同上，城乡教师的职业认同感之间则不存在显著差异。张月（2018）的研究结果提示教师职业认同有显著的城乡差异，农村学校教师职业认同高于城镇学校；并且西部地区的中小学教师职业认同最强，其次是中部地区，东部地区最弱。

事实上，除了性别、年龄或教龄、职称、学段和地域差异，还有收入对教师职业认同的影响。欧阳慧琴（2019）调查了上海市初中教师职业认同的情况，发现在家庭月收入和个人月收入上存在显著的差异，收入越高其职业认同也越高，这种存在差异的结果也出现在其他一些研究者关于中小学教师的调查中（宁本涛，2019；胡芳芳，桑青松，2013；孙利，2011；温艳红，2009）。不过，也有些研究结果表明不同月收入水平的教师职业认同感不存在显著性差异，梁进龙和崔新玲（2011）对甘肃省797名中小学教师的职业认同感现状调查发现，月收入水平不同并没有导致其职业认同程度的差异，类似不存在显著差异的结果获得了其他针对农村中学教师、城市小学教师职业认同感调查的佐证（杨春艳，2013；蔡莉，2008）。可以看出，收入水平是否确实有作用于教师的职业认同感还有待进一步验证。

2. 个体经历

教师个体的经历也是影响其职业认同感的重要内源性因素，正如Connelly和Clnadinin（1999）主张教师职业认同受到生活经历的影响，专业学习经历、实习经历、初为教师时的经验以及在工作中累积的教学经验，都是影响个体对教师职业认同的重要因素。从目前的文献来看，研究者集中关注的主要是学生时代的求学经历。求学经历的影响可以追溯到儿童时期，教师的社会化在他们还是易接受事物的小学生时，对所经历的特定教学模式的观察和内化过程已经发生。例如，Samuel和Stephens（2000）的调查研究发现许多教师在作为学校儿童时的学习经验影响了他们职业认同感的形成；Koster，Korthagen和Schrijnemakers（1995）研究积极角色模型和消极角色模型的影响发现，准教师受他们过去儿童期的某教师影响的清晰经历。中学阶段的学习经历也会制约其对教师职业的认同，就像Holt-Reynolds（1991）研究发现，上大学前在班级当学生的经验是影响教师职业认同形成的主要因素。同样，大学阶段师范生的学习经历和教学经历会影响教师的职业认同感（Smagorinsky，Cook，Moore，Jackson，Fry，2004）。近期 Beltman 等人（2015）对澳大利亚一所大学职前教师的调查发现，有益的大学学习经历使得职前教师认为自己是会有愉快的学习经验、与学生关系良好、对自己有信心的教师，对即将从事的教师职业充满了热情和认同。

（二）社会支持系统

社会支持系统是个体在自己的社会关系网络中所能获得的、来自他人的物质和精神上的支援的系统，对个体的职业选择具有举足轻重的影响。胡芳芳和桑青松（2013）的调查数据统计结果显示，幼儿教师的职业认同和社会支持呈显著正相关。社会支持系统中的家庭因素对教师职业认同感的影响已被证实。Penick 和 Jepsen（1992）的研究就发现，民主型和独裁型家庭风格是教师职业认同的一个显著预测源。在表现型的家庭关系中成长的个体职业认同水平较高，而在冲突型家庭关系中成长的个体职业认同水平较低。之后 Fessler 和 Christensen（2005）的个案研究结果也显示，生活在良性的家庭氛围下的个体容易获得积极的成长经历体验，故长大后对教师职业有更高的角色认同；反之，消极的家庭氛围降低了教师的职业角色认同。而且，成长过程中的家庭互动模式也会影响个体的职业认同形成状况和水平（高艳，乔志宏，宋慧婷，2011）。

此外，其他研究发现了社会支持系统中的朋友支持对教师的职业认同感的作用。交朋友是社会人不可或缺的心理需要，朋友之间的职业观念会相互影响，针对幼儿教师群体的调查发现，亲密朋友的支持会提高其职业认识和职业态度（Park，2009）。公众对教师的社会地位、社会职责、社会贡献的期待与评价，也会影响教师职业认同。张宁俊，朱伏平和张斌（2013）通过调查得到高校教师职业形象影响其职业认同感的结论，教师职业形象的本质是公众对教师职业的社会评价，这种评价影响高校教师对自身在社会系统和职业体系中社会资源的感知和认同。

（三）教学环境因素

教师的教学环境对其职业认同有深刻的影响，这个环境因素主要是学校文化和师生关系。Flores 和 Day（2006）研究证明了学校的环境会影响教师的职业认同感。其中，教学文化和学校文化可能在很大程度上决定了个体教师感知他们的职业认同的方式。教师对学校文化和领导的积极或消极感知在重塑教师对教学的理解、促进或阻碍他们的专业学习和发展、建构他们的职业认同中扮演了关键的角色。朱伏平（2012）的研究结果发现学校作为教学组织环境对教师的职业认同产生了正向影响，工作自主性越高的学校环境越有助于教师职业认同的提升。相反，教师群体中的恶性竞争，教学过程的“标准化”“模式化”，学校“既得利益”和“潜规则”的存在消极地影响了新教师的职业态度。因此，教师对工作环境的满意程度是影响其职业认同的重要因素（张月，2018）。

学生是教师教学工作内容的最重要部分，这一群体常被认为是影响教师认同感发展和变化的最重要的动因之一（Proweller & Mitchener，2004）。师生关系的质量会影响到教师的职业认同，决定继续教学的新教师都指出他们与学生的关系很好。初任教师表示学生能为教师提供支持和反馈的丰富资源（Bullough，2001）。而且，孙利（2011）的调查表明拥有良好师生关系的中小学教师，会更加认同自身职业的价值，获得更为积极的情感体验。

五、教师职业认同感的主要功能

教师作为自身职业认同的主体，只有建立了内在的职业认同，才能感受到教育事业带来的幸福与生命价值，获得真正的专业发展。已有研究重点探讨了教师职业认同对其工作满意度、职业承诺、职业倦怠和离职意向的作用。

（一）增加教师工作满意度和职业承诺

不论基于教育现实观察，还是问卷调查数据都发现高度认可自身职业价值，对职业抱有积极情感的教师，往往表达出更多的满意和承诺。例如，张敏（2006）分别测量了教师职业认同与教师工作满意感，发现两者之间存在显著相关，具体表现在教师对自身职业的认识越明确，对教师规范的内化程度和对自身职业的投入程度越高。Canrinus 等人（2011）关于 1 214 名荷兰教师的调查显示，教师职业认同感能够正向预测其工作满意度和职业承诺，该团队后续对职业认同感的研究也得到了相似的结论（Canrinus，Helms-Lorenz，Beijaard，Buitink，Hofman，2012）。王鑫强和肖明玉（2013）认为教师职业认同感是教师职业心理素质的一个重要构成部分，它能正向预测教师工作满意度，罗杰等人（2014）进一步研究发现教师职业认同正向预测其工作满意度和情感承诺，工作满意度在教师职业认同和情感承诺之间起中介作用。还有研究者以宁夏南部山区 279 名中小学教师为调查对象，结果发现这些教师的职业认同能够正向预测主观幸福感，心理资本在职业认同和工作幸福感之间起部分中介作用，这说明职业认同是工作幸福感的保护性因素（关荐，勉小丽，王雪玲，2019）。

（二）减少职业倦怠和离职意向

1. 减少职业倦怠

教书育人工作是一种塑造人的心灵，雕琢人的感情与性格的伟大事业。在这个过程中，教师难免会遇到一些角色冲突、认知矛盾，甚至身心伤害。不少研究发现教师职业认同的程度影响其职业倦怠水平，而且还考察了两者之间的中介变量和调节变量。例如龚少英，李冬季和赵飞（2016）研究认为教师职业认同在表面行为和主动深度行为对职业倦怠影响中的调节作用显著，而另一项关于山西省太原市中小学教师的调查发现，职业认同感通过时间管理这一变量对其职业倦怠起作用（张晶，2019）。

2. 降低离职意向

进一步而言，积极强烈的职业认同感能够帮助教师克服恶劣工作条件，缓解教师的心理压力，阻止其离职行为（Moore & Hofman，1988；高晓敏，刘岗，2011）。之后魏淑华和宋广文（2012）的研究结果发现，教师的职业认同与离职意向中的调校意向和换职意向两个维度都呈显著负相关，高职业认同教师的调校意向和换职意向都显著低于职业认同度低的教师，而且教师的工作满意度在职业认同与离职意向之间起部分中介作用。类似地，李恺和罗丹（2015）的调查结果显示，农村中小学教师的职业认同对其流动倾向具有负向预测作用，收入水平对其职业认同与流动倾向之间的关系存在调节作用。而且，李颖（2017）对辽宁省546名农村教师的调查也发现，职业认同感和地方认同度与其离职意向呈负相关。

六、小结与展望

综上所述，教师职业认同感领域的研究成果比较丰富，既有对概念本身的学术界定和理论解释，也发展出了很多测量工具，还寻找到了不少影响教师职业认同感的前因变量和受其影响的结果变量。然而，仍有以下一些问题需要进一步厘清和探究。

其一是教师职业认同感的学术定义，目前学界尚无统一认识。研究者们都无法否认自我在教师职业认同内涵中的地位，也认可从教师表现出的共有特征的角度定义其职业认同，而意义建构说和综合体验说更是得到越来越多的支持。毋庸置疑，确定概念是对某一主题研究不可回避的工作，面对目前教师职业认同的纷繁界定，未来研究可基于公众观调查的角度获得广泛接受的定义。

其二是结构模型多样，测量工具繁多，却没能兼顾不同学段、不同学校类型教师的特殊性。仅上文介绍的结构模型就有三因素、四因素、五因素、六因素、七因素、九因素六大类，相应的测量工具有 10 个以上。测量工具成果丰富的同时，却让研究者很难有合适的选择，细分群体针对性比较差。例如，小学全科教师作为新兴的教师群体，与普通的小学教师、中学教师在工作条件、收入待遇、学生学习基础等方面有很大的差异，就不宜使用前述群体宽泛的职业认同感测量工具。此外，从事特殊教育和职业教育的教师，其工作内容也有一定特异性，若用之前宽泛的职业认同感测量工具也可能存在较大误差。

其三是教师职业认同影响因素及其作用机制的研究尚处于摸索阶段，教育实践中的一些重要影响因素仍有待验证。内部因素方面，只有少数研究关注教师个体因素中的人格特质、价值观、职业动机对其职业认同感的可能影响。如魏淑华和山显光（2012）调查发现教师工作价值观与职业认同存在显著正相关并在一定程度上对职业认同具有正向预测力，对教师职业认同及其各因子预测效果最好的是利他奉献方面。又如，相比内部动机型教师和复合动机型教师，无动机型教师和外部动机型教师表现出了更低的职业认同度（赵飞，龚少英，郑程，卢斯梅，李薇娜，2011）。就人口学变量对教师职业认同感的作用而言，性别、地域、年龄或教龄、职称、学段、收入等其他因素的影响都没有得到一致的结论，显然需要后续研究加以判别。另外，教师职业认同感的学历差异研究较少，可能由于现实中中小学教师多数是专科或本科学历，高校教师多数是研究生学历，同一学段教师内部差异不大。但不同学段教师由于学历差异，导致对教师职业回报的期望不同，有可能影响其职业认同感，故未来研究可以考察教师的学历差异对其职业认同感的作用。外部因素方面，学校性质、职后培训、职前高校培养模式、就职学校的校园文化、教师社会地位、国家教育政策、生存压力等外部因素也需要大量研究者投入和拓展。

本章小结

小学教育是国民教育的根基，是提升国民素质的奠基工程。本章以追溯小学全科教师产生的背景为开端，论证了这一群体的出现既是无奈现实所迫，也是小学生教育规律内在价值的回归。在分析了认同、职业认同概念的基础上，初步界定了核心概念——小学全科教师职业认同感。在此基础上，论述了小学全科教师职业认同感具有自我卷入高、多维度共存、动态不平衡和个性化建构的特点，及其对教师职业发展的巨大价值。进一步说，认同自身职业的教师会深深扎根于课堂，把课堂看成是师生生命相遇、精神相系、情感相连的地方，“用一辈子的时间备好每一堂课”，把每一堂课都当成生命的演绎。最后，回顾了研究者关于教师职业认同的概念界定、测量工具、影响因素、主要功能四个方面的主要成果，为下一步探索小学全科教师职业认同感的结构成分，有针对性地设计其测量工具奠定理论基础。

第二章　小学全科教师职业认同感的结构与测量

小学全科教师正成为未来农村小学师资队伍的主力军，其职业认同感在某种程度上影响着农村基础教育的质量。上一章文献述评详细梳理了国内外教师职业认同感的结构模型与测量工具，对本章着力探究小学全科教师的职业认同感由哪些成分构成颇有帮助。本章将基于开放式调查和深度访谈结果，提炼符合小学全科教师实际状况的职业认同感结构理论，基于该理论框架编制相应的测量工具，并进行多种信度和效度的检验。

第一节　小学全科教师职业认同感结构的开放式调查

一、调查目的

小学全科教师这一职业在中国诞生以来，就面临着需要承担多学科教学工作的客观现实。目前，小学开设的学科课程主要有：语文、数学、英语、科学、品德与生活（社会）、音乐、体育、美术、信息技术、综合实践等。此外，各地各校还有各自特色的地方课程和校本课程。但若将这些课程大致划分为文科、理科和艺体科三类，与小学全科教师在职前接受高校小学教育专业培养的课程种类划分不一致，那么必然会影响其开展实际教学活动的效果。所以小学全科教师需要具备打破学科壁垒，实现课程整合的能力。

实际上，这种多科学融合性教学体现小学教育的本质特点，因为小学教育比其他学段的教育更具有启蒙性、基础性和综合性。然而，如此理想化的教学模式对于年龄普遍在 30 岁以下的小学全科教师存在不小的难度，是否会影响奋战在教学第一线的他们对教育教学工作的实际态度？因此，为弄清楚这一群体对自身职业最真实的感受，故通过开放式的调查了解其职业认同的基本状况。

二、调查方法

（一）调查对象

采用方便抽样法，选取重庆地区小学全科教师 260 人作为调查对象，共回收有效问卷 257 份。其中，男性有 85 人，女性有 172 人。有效调查对象的年龄为 22～26 岁（$M = 24.28$，$SD = 0.83$）。每个调查对象均承担小学语文、数学、英语、科学、品德与生活（社会）、音乐等至少 2 门课程的教学工作。

（二）调查工具

根据调查目的，设计了针对本次调查的《小学全科教师职业认同感结构》开放式问卷。该问卷主要包含 6 个问题，分别是①你是否认同小学全科教师这一角色/身份？认同在哪些方面？困惑在哪些方面？②你认为小学全科教师的作用/价值/意义表现在哪？③你对小学全科教师这一职业有哪些角色期望？④你对小学全科教师这一职业持怎样的情感？⑤你有没有想过要放弃小学全科教师这一职业？有或没有的原因是什么？⑥你认为小学全科教师与其他教师有哪些区别？

（三）调查程序

本次调查实施时间为 2019 年 3 月至 2019 年 6 月，时间跨度为 3 个月，采用团体施测和个别施测相结合的方式，将问卷分成两次发放，完成问卷所有题项约 30 分钟。其一是利用小学全科教师参加培训的机会集中对其进行测量，收集调查数据；第二是以小学为单位，采用邮寄问卷的方式获得调查结果。

（四）数据处理

研究者初步检查问卷填答的完整度，整理出需分析文字总数约 205.6 千字。参照胡金生和黄希庭（2009）及尹华站，苏琴和黄希庭（2012）的研究程序对作答结果逐条进行内容分析（content analysis），具体步骤包括：首先建立类目，通过集体讨论的形式，由 2 名承担教师教育课程的高校教师对上述 6 个问题的结果进行初步分类；其次将分析单元归类，分析单元是有明确语义的句子，最终从职业认同感状况、职业作用/价值、职业角色期望、职业情感、续职意愿及原因、职业特色 6 个方面进行了归类；再次计算信度，先求出两位归类者之间的相互同意度，然后根据杨国枢，文崇一，吴聪贤和李亦园（2006）的信度公式，求出编码信度系数 $R=$（$n\times$平均相互同意度）/（$1+$（$n-1$）$\times$平均相互同意度），其中相互同意度 $=2M/$（N_1+N_2）。职业认同感状况、职业作用/价值、职业角色期望、职业情感、续职意愿及原因、职业特色的编码信度依次为 0.93、0.90、0.92、0.92、0.91 和 0.93。内容分析具体结果见表 2-1。

三、调查结果

结果显示，被调查的小学全科教师中回答认同自己职业的共有 253 人，占比 98.4%；回答不认同教师职业的仅 4 人，占比 1.6%。不论是对小学全科教师这一职业总体认同还是不认同，都表达了认同的具体内容，以及尚存疑惑之处。表 2-1 中，被调查的小学全科教师共提到了 1 070 条认同的内容，涉及促进社会公平、实现教师价值、提升教学技能、学生全面发展、解决困难和附属益处六个方面。其中占比最高的是认同小学全科教师职业可以提升农村教育质量、促进社会公平，共有 35.6%；其次是认同这一职业能够实现教师自我价值、获得育人成就感的占 20.1%；另外认同该职业可以提升教师教学技能的占 17.4%，认同小学全科教师能够帮助学生启蒙、实现全面发展的占 10.8%，认可就读定向小学教育专业会解决家庭经济实际困难的占9.2%，赞同小学全科教师职业的工作稳定性、休假福利等附属益处的占 6.9%。同时，被调查者提及的困惑包含了融合教学能力、小学工作条件、个人职业发展、高校培养模式和分配机制五个方面，其中对小学全科教师是否能够做到融合教学表示疑惑的占比 36.4%，认为当前所在小学的教学客观条件不佳的占 27.1%，忧虑未来可能很难获得更好的专业发展的占 18.2%。此外，被调查者的回答中有 11.2% 回顾了职前培养高校的工作不足，还有 7.1% 提出了职能部门实施的分配方案有待改进之处。

第二个开放式问题是关于小学全科教师的职业价值。根据价值指向的对象，被调查者的回答大致分为社会价值和个人价值（师生），涵盖改善农村教育、全面培养学生、提升教师素质和缓解社会难题四个方面。按照被调查者回答的占比多少，这四个方面的职业价值依次为46.4%、25.6%、19.9%和8.1%。社会价值中，提到小学全科教师这一职业可以改善农村整体教育质量的占85.1%，缓解社会难题、教育公平、减少贫困的占14.9%；个人价值中，被调查者回答中有56.2%提出小学全科教师的教学利于培养学生的德、智、体、美、劳全面发展，而回答可以提升教师自身综合素质的有43.8%。

被调查者回答第一个问题时描述了诸多对小学全科教师职业的困惑，基于这些困惑在第三个问题中表达了对这一职业角色的主观期望。根据职业角色期望的对象不同，将被调查者的观点大致分为内部期望和外部期望，共有社会认可、条件改善、有效指导、胜任尽责、发展空间、自主选择六个方面。这六个方面所占比重依次为20.9%、16.2%、9.9%、34.0%、10.5%和8.5%。具体到外部期望，被调查者回答希望小学全科教师职业能够得到更多的社会认可，这方面内容被提及的次数最多，占到了44.4%；希望工作所在小学的教学条件、办学水准改善的占到了34.5%；期待培养高校的教师能在职前给予更多切实有效的指导为21.1%。而在内部期望中，被调查者提及最多的是期望小学全科教师能够真正胜任全科融合教学工作，并兢兢业业充满责任感，这部分内容占到了64.0%；有19.8%的描述希望今后有更多的如考研、转岗等职业发展空间，还有16.2%的希望在分配学校、任教科目和年级时拥有更多的选择权。

根据情感的性质不同，被调查者描绘的小学全科教师职业情感被归入积极和消极两类，主要有热爱、责任感、敬畏、期待、接纳、担心、矛盾和迷惘。这八种被提到的职业情感所占的比重分别是49.3%、7.5%、19.8%、5.7%、8.4%、5.7%、2.2%和

1.3%。积极的职业情感中热爱小学全科教师职业占比54.4%，出现的次数最多；其次是敬畏小学全科教师职业这种情感，占比21.8%；对这一职业抱有责任感、期待和接纳的三种职业情感共占比23.8%。消极的职业情感中，被调查者描写对小学全科教师职业的忧虑最多，占比61.9%；对这一职业感到矛盾和迷惘的占比共38.1%。

被调查的小学全科教师中，愿意续职的有243人，占比94.6%；不愿意续职的有14人，占比5.4%。进一步解释其愿意续职的原因，结果显示共有喜爱、适合自我、职业优势、成就感和照顾家人五类。其中，表示因为发自内心的喜爱而愿意长期从事该职业的占比最多，为39.5%；促使被调查者愿意继续从事小学全科教师职业的第二大原因是该职业自身具备的稳定、受人尊敬等优势，占比25.9%；排在第三位的续职原因是被调查者认为自己适合小学全科教师这一职业，共占比18.4%；因为教师职业带来的成就感而愿意继续从业的占比9.2%，排在第四位；最后一种愿意续职的原因是教师职业利于照顾家人，占比7.1%。此外，被调查者论及的离职原因包括职业受限多、学习要求高、前景小、社会认可低和非自愿选择。被调查者的回答中，可能导致离职的最主要原因是小学全科教师职业受到服务年限、就业地域等诸多限制，占33.1%；排在第二的原因是职前学习要求高于其他师范专业，占比22.6%；其他三类原因的占比相当，依次是因为小学全科教师职业发展前景比较小、该职业获得全社会公众的认可程度较低、迫于家人压力从事这一教师职业，占比分别是16.1%、14.5%、13.7%。

按照职业特色与教学工作关系的远近，可将被调查者的回答分为教学领域和附属领域，共包含跨学科教学、能力综合、物质保障、创新意识、因材施教、专业不精深、任务繁重和发展难八个方面，占比依次为37.9％、14.3％、13.3％、10.0％、4.9％、8.7％、9.4％、1.5％。在教学领域的职业特色中，能够跨学科开展教学工作出现的次数最多，占比44.5％。教学领域的其他职业特色中，小学全科教师的能力全面、综合占比16.8％，具备高水平的创新意识占比11.7％，教学任务繁重导致压力巨大占比11.1％，擅长根据不同学生的需要开展教学占比5.8％，而不能精通所教学科占比10.1％。附属领域的职业特色主要表现为职前师范生阶段可以获得来自国家的物质帮助，占比89.6％；此外，被调查者提到职后发展比较困难占比10.4％。

表2-1　小学全科教师职业认同感结构的内容分析结果（N＝257）

题目测查范围	信度	类目	子类目及其频数		
1. 职业认同感状况	0.93	认同	学生全面发展 116	提升教学技能 186	解决困难 98
			实现教师价值 215	促进社会公平 381	附属益处 74
		困惑	融合教学能力 236	高校培养模式 73	分配机制 46
			个人职业发展 118	小学工作条件 176	
2. 职业作用/价值	0.90	社会	改善农村教育 319	缓解社会难题 56	
		师生	全面培养学生 176	提升教师素质 137	
3. 职业角色期望	0.92	外部	社会认可 175	条件改善 136	有效指导 83
		内部	胜任尽责 285	发展空间 88	自主选择 72
4. 职业情感	0.92	积极	热爱 112	责任感 17	敬畏 45
			期待 13	接纳 19	
		消极	担忧 13	矛盾 5	迷惘 3
5. 续职意愿及原因	0.91	续职原因	喜爱 206	适合自我 96	职业优势 135
			成就感 48	照顾家人 37	
		离职原因	职业受限多 41	社会认可低 18	前景小 20
			非自愿选择 17	学习要求高 28	

（续表）

题目测查范围	信度	类目	子类目及其频数		
6. 职业特色	0.93	教学	跨学科教学 346	创新意识 91	能力综合 131
			专业不精深 79	因材施教 45	任务繁重 86
		附属	物质保障 121	发展难 14	

注：其中数字为两位归类者都赞同的子类目出现次数。

四、讨论与结论

（一）小学全科教师职业认同感的现状

参与调查的小学全科教师职业认同比例超过 98%，说明该群体对自身职业的职业认同程度非常高。这种高水平的职业认同感可能与目前这一群体的年龄比较小、从教时间相对较短有关。根据 Berliner（2004）的教师专业发展阶段理论，在教师几十年的职业生涯中，可能会依次经历新手教师、熟练新手教师、胜任型教师、业务精干型教师和专家型教师五类。初入职的新手教师往往对自身的职业充满了理想化的观念，主要关注自身要多于关注教学，在具体教学中还表现出很多方面的不成熟。与之类似，另一项关于职前教师的调查也显示，他们认为自己入职之后会有愉快的学习经验，与学生关系比较好，对自己充满信心，几乎没有证据表明他们预计自己的教学存在潜在的复杂性或挑战（Beltman，Glass，Dinham，Chalk，& Nguyen，2015）。

被调查的小学全科教师还描述了其对自身职业的认同内容。职业认同主要集中在促进社会公平、实现教师价值、提升教学技能和学生全面发展四个方面。职业认同的这四个方面涉及了师生和社会两个角度，这与他们对小学全科教师职业价值的回答不谋而合。认同小学全科教师职业可以促进社会公平，即对应着价值中的该职业能改善农村教育的功能；认同小学全科教师职业能实现教师价值、提升教学技能和学生全面发展，恰好是职业价值中全面培养学生和提升教师素质的写照。这一结果提示，小学全科教师的职业认同感有很大一部分源自其对教师职业本身价值的赞同和推崇。社会舆论的导向会对人们职业的选择、价值观等产生导向作用，如果社会不能形成一种尊师重教的氛围，很难吸引最优秀的人才加入教师群体。由此，在全社会强化教师职业的崇高价值可能是培养小学全科教师职业认同感的有效途径之一。此外，在校期间解决了贫困家庭学生求学的实际经济困难，以及小学全科教师工作有完整的双休和寒暑假、无升学考试压力、福利不错等职业附属益处也是被调查者认同内容的组成部分。不可否认，现实中这些物质化的保障性因素增加了小学全科教师的职业吸引力。

小学全科教师的职业困惑主要来自职前培养高校和教委、职后自身的主观条件和就职小学的客观条件。首先，小学全科教师对自身主观条件的关注最多，聚焦在他们是否能够真正实施跨学科的融合教学。导致这一结果的原因可能是目前国内小学主要是采用分科教学的模式，而跨学科的融合教学模式在小学并不常见，可以直接借鉴和模仿的教育实践成果比较薄弱（张虹，2016）。因此，职前培养高校应重视全科师范生融合教学能力的养成教育，教育主管部门应提供充实该群体这方面能力的相关职后培训，以减少他们对小学全科教师这一职业的困惑。其次，被调查的小学全科教师也比较在意小学的客观工作条件，尤其是在对比城市小学的教学条件之后，深感偏远农村小学的硬件条件的差距。故教育主管部门应继续加大农村小学物质条件的投入，为小学全科教师营造良好的工作环境。再次，小学全科教师对个人职业发展也存在一些困惑，特别是工作时间、地点、学科、升学的限制。不言而喻，被调查者提到的这些职业限制是客观存在的。这类职业生涯规划方面的困惑启示教育主管部门应为小学全科教师建立明确的职业发展通道，公布职称晋升、升学考核等政策，并提供有效的生涯规划培训。本次调查发现，职前因素中高校小学教育专业的课程体系设计和教委制定的分配机制被质疑最多。被调查者反馈在校所学部分知识与技能在工作中没有用武之地，在校努力学习的成果没能体现在实际分配的优势中（宋秋前，2014）。出现这一现象大多要归因于高校在全科师范生的培养实践中仍处于摸着石头过河的初步探索阶段。因而，提醒培养高校应深入反思小学教育专业的人才培养方案，注重教育理论与实践的切合度，使得后续全科师范生能够学以致用；教育职能部门在调研多方需求的基础上，科学设计全科毕业生的分配制度（郝福生，2018）。

（二）小学全科教师职业认同感的构成要素

本次调查初步探讨了小学全科教师职业认同感成分中的职业价值、职业角色期望、职业情感状况。职业价值的调查结果显示，小学全科教师的工作能够帮助改善农村教育现实得到了最广泛的认同。被调查者的这种认识可能源自职业产生的独特背景，如前所述国内催生小学全科教师这一职业，初期主要是为解决当前农村基础教育领域存在的乡村小学校点分散、办学规模小、教师结构性缺失的实际困难（江净帆，2017）。当然，小学全科教师高度认同自身职业的社会价值，也有部分是这一群体职前接受了高校四年小学教育专业培养所致的结果。另外，这一职业对教师和学生两个主体的作用也不容忽视，占到了职业价值描述量的45%左右。这说明参与调查的一线小学全科教师不仅非常认同自己对学生全面发展的引导作用，也肯定了这一职业对自身专业成长发展的影响。总之，拥有职业认同感的小学全科教师能够心怀公共福祉、尊重学生生命健康成长，成为肩负专业使命感的育人者。

教师角色认同是教师职业认同感的主要成分之一，教师对自身角色的期望展现了内心的实然诉求（宁金平，2014）。调查中小学全科教师还表达了自己对自身职业角色的期望，在某种程度上回应了第一个开放式问题中的职业困惑。结果显示，他们最希望自己能够完全胜任跨多学科的教学工作，并对学生的成长尽心尽责。这一角色期望恰好也是他们在职业认同过程中遇到的最主要的职业困惑。不仅如此，职业角色期望中能够自主选择对应了分配机制的困惑，获得更大的发展空间对应了个人职业发展的困惑，希望改善工作条件对应了小学工作条件的困惑，期待教师给予有效的指导对应了高校培养模式的困惑（蒲淑萍，2015）。小学全科教师的这些职业期望属于应然所在，而职业困惑则是对实然的反思，两者之间存在差距成为了阻碍其职业认同的绊脚石。这种前后照应的结果无疑表明本次调查结果的一致性较高。此外，被调查者描述最多的外部角色期望是自己从事的职业能够得到社会的广泛认可。这样的角色期望似乎表明，社会公众对小学全科教师职业的认同程度并不高，甚至可能有一些误解；而且普通公众的看法影响了教师的职业角色认同。如第一章中小学全科教师产生的背景所述，这一职业只是解决农村师资紧缺问题的急迫手段。而教师理应专注自己的所教学科，这样的观念在公众心中已经根深蒂固。无独有偶，被调查者对第五个开放式问题的回答中明确提到社会认可低是导致其想要离职的原因之一。由此，营造良好的社会环境和正确的公众舆论导向以促进小学全科教师职业角色认同显得非常必要。

值得注意的是，相比其他五个开放式问题，被调查者关于职业情感认同成分的描述量较少。在有限的情感描述中，对教育事业的“热爱”是本次调查中小学全科教师表达最多的一种情感。这一结果与前人对教师职业情感内容的研究结果比较一致，例如刘炎欣和王向东（2018）从文化存在论教育学的视角探讨教师教育情怀的生成机制和升华路径，他们认为构建形塑教育情怀最核心之策就在于生成仁爱之心。教育爱是教师职业情感的灵魂，企求学生的完美发展，教师不能把谋生作为追求，而是情感的诉求（胡弼成，王祖霖，2015）。除了发自内心的热爱，有些小学全科教师还提到了对自身职业充满了敬畏之情。这种情感认同恰恰反映出教师职业在其心中的崇高地位，因为对自身职业的珍视而害怕出现任何差池。小学全科教师须对教育事业抱有敬畏之心，没有这种职业情感的教师只会沦为“知识的搬运工”和“教书匠”。另外，调查结果中担忧、矛盾和迷惘等消极的职业情感描述占比不足10%，也从反面证实了小学全科教师总体上比较认同自身的职业。

（三）小学全科教师的续职意愿和职业特色

被调查的绝大多数小学全科教师都表示意愿继续从事自身的职业，间接表明了他们对这一职业的高度认同态度，也佐证了他们对第一个开放式问题的回答。进一步分析发现，愿意续职的原因中最多的就是出于对教育事业的热爱，这一续职的内在动机正好与他们表达频次最高的职业情感相吻合。这说明职业认同的情感因素直接影响小学全科教师的职业行为，提示教育工作者不论是职前教育，还是职后培训，都需要特别注意教师职业情感的涵养，融聚这种执念坚守育人职业的内在力量和精神支撑，激发教师热爱教育事业的专业心境和情感依附（刘炎欣，罗昱，2019）。另外，教师职业自有的优势是促使小学全科教师愿意续职的第二大原因。这些优势的部分内容与被调查者在第一个问题中描述的附属益处类似，如工作稳定、有编制、享受补助、压力小等。当然，小学全科教师在描述续职原因时新增了一些职业优势。例如，教师职业普遍受人尊敬，这暗示当基本的生活需要得到保障和满足后，精神上的满足成为影响教师续职意愿的主因。本次调查还发现了其他续职原因，包含教师职业与自身的匹配度、教师职业带来的自我成就感、教师职业对家人的照顾。其中的职业成就感与前述职业认同的具体内容也比较吻合，照应了实现教师价值这一点；职业匹配度因素强调的主要是教师自身人格特点和素质特长与职业要求的一致性，这折射出了小学全科教师职前筛选的必要性；职业助力家人因素反映出从事教师职业需要稳定的家庭保障，也就是说当工作的某些特性能够起到照顾家人的作用时，他们的续职意愿会大大增加，这可能是由于家庭是个体可以利用的社会支持系统中最直接、最珍视的力量。相比而言，参与调查的小学全科教师的离职原因描述较少。推测其中的原因可知，整体上认同小学全科教师职业的居多，因不认同自身职业而导致离职的现象极少。虽然如此，被提到的少量离职因素如职业限制、职业前景、职业动机依然能给教育主管部门关于教师队伍的管理工作一定的警醒。

除了续职意愿，小学全科教师还根据实际教学经验概括了自身职业的主要特色，其中跨学科教学是该职业最鲜明的特色。这一职业特色正好呼应了前述职业困惑中融合教学能力以及职业角色期望中的胜任尽责，表明调查结果的前后一致性。结果还显示，小学全科教师的能力综合是第二大职业特色，这为其首要职业特征跨学科教学提供了能力上的支持，这种将儿童所处的生活世界和自然世界的知识进行融合展示的能力，可以促进小学全科教师进行主题化、全息化、立体性的教学设计，让各科知识相互跨越与融合，帮助学生从整体上认识事物、思考问题（程翠萍，田振华，2019）。如此独特的教学设计彰显了小学全科教师的创新意识，故教学上的创新性也被视为该群体的职业特色似乎不足为奇。概括而言，跨学科教学、能力综合、创新意识这三个特色在逻辑上具有一定的延续性，又一次证明了调查结果的内部效度。与此同时，专业不够精深也被描述成该职业的另一大特色，这一调查结果比较符合小学全科教师着力兼顾知识的广博，但难以做到知识精深的现实，也与其融合多学科开展教学的职业特色相对应。最后，被调查者回答的后续发展难这一职业特色，与前文离职原因中的职业前景小、困惑中的个人职业发展、职业角色期望中需要更大的发展空间高度一致。据此可见，处于青年时期的小学全科教师非常关注自身职后的发展前途，反映出该群体乐观进取、努力追求事业成功的精神面貌。

本次开放式调查主要结论如下：（1）小学全科教师的整体职业认同度比较高，认同的方面主要是促进社会公平、实现教师价值、提升教学技能，困惑的方面集中在融合教学能力、小学工作条件、个人职业发展方面；（2）在小学全科教师职业认同感的主要成分中，改善农村教育是最主要的职业价值，获得社会认可是其对该职业最强烈的角色期望，热爱是其对该职业表达最多的职业情感；（3）多数在职小学全科教师愿意继续从事该职业，主要源自其对教育事业的热爱以及教师职业优势，跨学科教学和能力综合是该职业主要的特色。

第二节　小学全科教师职业认同感结构的深度访谈

一、访谈目的

上一节采用开放式的问卷调查初步展示了小学全科教师职业认同感的大致轮廓，探讨了这一群体对教师职业价值、职业情感、职业角色的基本看法。然而，基于限定问答内容的频数和比例描绘略显粗糙，很难窥探小学全科教师职业认同感深层次的全貌。比如，小学全科教师的职业认同感究竟包含哪些成分？认同自身职业的小学全科教师有怎样的表现？直接影响其职业认同感的主要因素有哪些？这些问题在开放式调查中都没有获得深入的回答。

深度访谈法（in-depth interview）是一种质性研究方法，研究者通过互动对话收集所需的研究资料。在进行深度访谈时，根据研究问题的特点和访谈对象的个性，访谈者可以灵活多变地提出不同形式的问题（孙晓娥，2012）。访谈所获质性的资料可以弥补量化数据的不足，它可以使量化的数据更加丰满，更加可理解性，使研究者有更多的想象空间，启发研究者更多地去思考。为进一步弄清楚上述小学全科教师职业认同感的相关问题，本研究将采用深度访谈法，挖掘小学全科教师职业认同感的构成成分、影响因素、认同表现等密切相关的信息，旨在探索其职业认同感的内在结构，以期能给下一步设计测量小学全科教师职业认同感的量表提供依据。

二、访谈方法

（一）访谈对象

本次访谈依据质性研究中使用最多的目的性抽样原则，采用强度抽样策略，抽取那些能够为本研究提供最大信息量、信息非常密集的研究对象（Patton，1990），即在职的小学全科教师。而且，根据 Lincoln 和 Guba（1985）的观点，以访谈为目的的样本数量应该大于 12 个。参与本次访谈的对象共 25 人，符合质性研究的样本要求。他们均为在职小学全科教师，平均从教经历时长为 2.04 年，分布在重庆市开州、忠县、奉节、彭水、秀山、綦江、黔江、云阳、梁平、酉阳 10 个区县。访谈对象都是本科学历，毕业于小学教育（全科教师）专业，隶属重庆市农村户籍，其父母绝大多数为在家务农或外出务工人员。被访谈的对象中男教师 5 人，女教师 20 人；已婚 1 人，未婚 24 人；少数民族 5 人，汉族 20 人；来自单亲家庭 4 人，核心家庭 15 人，联合家庭 6 人；独生子女 7 人，有兄弟姐妹的 18 人；受访教师的年龄介于 23 至 26 周岁（$M = 24.04$，$SD = 1.19$）。受访对象的具体信息如表 2-2。

表 2-2 受访小学全科教师的基本信息

序号	简称	性别	年龄	教龄	民族	时长	婚姻状况	家庭状况
1	LTZ	女	23	0.5	汉	31 分钟	未婚	单亲，弟弟
2	ZZY	女	22	0.5	汉	36 分钟	未婚	核心，妹妹
3	CFC	女	23	1	汉	34 分钟	未婚	核心，哥哥
4	MQJ	女	22	1	汉	32 分钟	未婚	单亲，弟弟
5	GH	男	25	1	土家	31 分钟	未婚	联合，哥哥姐姐
6	LYH	女	24	2.5	汉	32 分钟	未婚	联合，哥哥
7	ZYP	女	25	2.5	汉	32 分钟	未婚	单亲，独生
8	TWZ	男	25	2.5	土家	31 分钟	未婚	联合，两个姐姐
9	ZWH	女	24	2.5	汉	33 分钟	未婚	单亲，独生
10	HL	女	25	2.5	汉	35 分钟	已婚	联合，哥哥
11	WWF	女	25	3.5	汉	32 分钟	未婚	核心，弟弟
12	TT	女	25	3.5	汉	33 分钟	未婚	核心，弟弟

（续表）

序号	简称	性别	年龄	教龄	民族	时长	婚姻状况	家庭状况
13	LSX	女	26	3.5	汉	45 分钟	未婚	核心，妹妹
14	WXX	男	25	3.5	汉	31 分钟	未婚	核心，弟弟
15	ZYK	女	26	3.5	汉	31 分钟	未婚	核心，弟弟
16	RYH	女	25	2.5	汉	29 分钟	未婚	核心，独生
17	FQC	女	25	2.5	土家	26 分钟	未婚	核心，弟弟
18	CG	男	23	1.5	土家	36 分钟	未婚	核心，弟弟
19	LSB	男	23	1.5	彝	32 分钟	未婚	联合，姐姐
20	YB	女	23	1.5	汉	29 分钟	未婚	核心，弟弟妹妹
21	WW	女	23	1.5	汉	27 分钟	未婚	核心，独生
22	TX	女	23	1.5	汉	28 分钟	未婚	核心，独生
23	WQ	女	23	1.5	汉	21 分钟	未婚	核心，独生
24	ZQH	女	23	1.5	汉	29 分钟	未婚	核心，独生
25	LXL	女	24	1.5	汉	36 分钟	未婚	联合，哥哥

（二）访谈工具

（1）访谈提纲。根据专家意见、团队讨论确定此次深度访谈的问题提纲，其包含的主要问题有：您是如何理解教师职业认同感这一概念的？您认为小学全科教师的职业认同感包含哪些要素或成分？请您形容认同自身职业的小学全科教师有怎样的表现？请依次列举 5 个您认为直接影响您的职业认同感最重要的因素？您希望国家社会、师范院校、供职学校怎么做能提升您的职业认同感？请列举古今中外 5 位职业认同感很高的教师典范。（2）数字录音笔，用于访谈全程的同步录音。

（三）访谈程序

访谈员为两位经过访谈技术培训、有经验的高校教师。访谈之前受访教师需阅读并签署《深度访谈知情同意书》，其涉及本研究可能的风险和益处、受访者权利、记录的保密性等内容。征得受访者同意后对访谈过程中双方的对话进行同步录音，每次访谈的提问顺序根据受访者的反馈有适当调整。根据深度访谈遵循的信息饱和原则，在访谈中所获得的信息开始重复，不再有新的、重要的主题出现时结束访谈。25 次访谈的平均时长为 31.68 分，时间跨度共 2 个月，主要集中在 2019 年的暑假期间，受访教师时间宽裕、心情放松，非常配合此次的访谈。

（四）数据处理

首先将本次访谈录音转成逐字稿，共计 25 个文本，约 13.8 万字（见附录 1）。之后访谈数据的处理以 Strauss 和 Corbin（1990）提出的扎根理论研究步骤为依据，并配以 Nvivo8.0 质性分析软件作为辅助工具。扎根理论的优势在于其将实证研究和理论建构紧密联系起来，提供了一整套从原始资料中归纳、建构新的概念或理论的方法，而且在研究设计与资料收集方式方面采用质性手段，在资料分解、分析过程中积极吸纳量化分析手段（孙晓娥，2011）。因此，将其应用于本次访谈数据的处理，主要包括数据编码、建立关系、绘制模型、信效度检核等环节，具体实施步骤如下。

1. 数据三级编码

数据编码是对于深度访谈资料中的词句、段落等片段不断进行分析概括和归纳标识的过程。经研究团队的多次讨论、预编码补充，最终确立小学全科教师职业认同感深度访谈的编码词典（见附录 2）。之后，编码员依据编码词典对逐字稿进行正式的三级编码（郭玉霞，2009），即开放式编码（open coding）、关联式编码（axial coding）、选择式编码（selective coding）。在开放式编码阶段，采取完全开放式的态度，抛开自己原有的理论认知，对

25 个文本中相关语料进行逐句编码，编码时尽量使用原始资料中的关键词命名节点，初步产生了 165 个自由节点。在关联式编码阶段，通过对概念之间关系的反复思考和分析，整合出更高抽象层次的范畴，并确定相关范畴的性质和维度，结果从 165 个自由节点中析出 11 个主要范畴建立树状节点。在选择式编码阶段，通过系统处理范畴之间的关系，确定 1 个核心范畴和 2 个次要范畴，其中核心范畴通常能够代表研究主题、统领全部节点、联结其他次要范畴。利用 Nvivo8.0 软件中的查询（Query）功能，检核不同范畴的关键词在原始资料的含义，进而确定核心范畴为小学全科教师职业认同感的结构。最终在这些范畴关系的基础上，形成一个关于小学全科教师职业认同感的解释理论，并利用 Nvivo8.0软件中的模型（Model）功能绘制出该理论结构图。

2. 信度和效度检验

在三级编码完成之后，分别检核了本研究的信度和效度。信度检核方面，利用 Nvivo8.0 软件的质询功能检核本研究编码一致性。通过质询功能的编码比较技术发现，90％以上的 Kappa 值为 1，编码一致性百分比均高于 90％。除此之外，在 25 个受访者的逐字稿中随机选取一个文本，由研究者本人先后两次编码，根据徐建平和张厚粲（2006）提出的归类一致性公式 $CA = 2 \times S/（T_1 + T_2）$，计算出研究者编码同一文本的归类一致性信度为 0.90。同时，随机抽取总文本数的 4％和 20％由前述两位编码员进行编码，计算两者之间的归类一致性信度为 0.84、0.81。这些都表明本研究中两位独立编码员的编码信度和研究者的编码信度都非常高。

效度检核方面，根据塞德曼（2009）的建议，采用原始资料检验法、同行反馈法、参与者检验法等手段考察质性研究的效度。第一，原始资料检验法，即返回原始资料对最终建构模型中的概念和关系进行核对，验证主要概念是否深深扎根于原始资料之中，主要关系是否来源于研究对象的阐述或研究者对原始资料的逐层归纳。首先，通过 Nvivo8.0 软件的关键词质询功能回顾受访者的原始资料发现，“学生成长”“喜欢热爱”“班级氛围”“薪资福利”等关联式编码，以及“幸福感”“责任感”“社会舆论”“家人支持”等开放式编码，都源自受访者的原始表达，符合扎根理论的效度检核标准。其次，通过查阅备忘录分析树节点的形成过程，显示绝大多数树节点都是源自对自由节点的逐步归类所得。比如，关联式编码“人际沟通”的归纳来自开放式编码“家校沟通有效”“同事关系和谐”“师生关系融洽”，而且这些表达均是原始资料中受访者的原话。

第二，同行反馈法，这种方法要求研究者在得出初步结论后广泛地与对研究熟悉的人交换关于研究主题的看法。本次访谈数据的分析过程中，获得了 4 位研究小学全科教师的同行反馈意见，并根据反馈意见反复回到原始资料检验、修改最初的编码结果，以提升研究结论的有效性。譬如，初始编码中自由节点“学校领导看法”归类在关联式编码“社会环境因素”下属的树节点“亲友支持”中，经同行讨论并检视原始资料后，将其归入关联式编码“供职小学因素”下属的树节点“物质环境”中。

第三，参与者检验法，本研究将分析完毕的资料以邮件的形式发送给每位相应的受访者检视，以确认是否符合他们的想法或经验。本研究邀请每位受访者对测量描述型、解释型和评价型效度的三个问题按照符合程度进行五点评分，问题分别是“本研究对小学全科教师职业认同感的描述是否真实可靠”“本研究对小学全科教师职业认同感的分析解释是否恰当合理”“本研究对小学全科教师职业认同感的评价是否得当”。评分结果显示，描述型效度、解释型效度和评价型效度的平均得分依次为4.86、4.70、4.94，表明本研究的效度非常高。

三、访谈结果

采用质性数据分析软件Nvivo8.0对25个访谈逐字稿文本进行数据分析的结果如表2-3和表2-4所示，关联式编码包含了小学全科教师职业认同感的结构和影响因素两个主要范畴。

（一）小学全科教师职业认同感的结构成分

表2-3中的结果显示，小学全科教师的职业认同感由职业价值、职业情感、职业角色和职业效能构成，这四个主要成分分别被提到了频次为149、170、110、104，涉及的受访者均超过了总数的80%。

被提及频次最多的小学全科教师职业认同感成分是职业情感，其所占比重为31.9%。职业情感分成了喜欢热爱、幸福快乐和使命归属三大类，这三类情感被提及的总次数以及描述所属的受访者总人数总体相当。其一喜欢热爱是指小学全科教师对自身职业抱有发自内心的好感、热忱和青睐，就像有些教师在访谈中直接表达：“我喜欢教育，就是为了乐趣而教，特别喜欢教书这个职业，自己也想当老师，从小到大都特别喜欢老师（WQ）。”这种职业情感被20位受访教师共提及了58次。其二是幸福快乐，主要表现为小学全科教师在开展教育教学活动过程中体会到的满足感、愉悦感、舒畅感和投入感。访谈中幸福快乐共出现了54次，其典型描述如“能够教书，培养这些学生对我来说是很美好的、很幸福的事情（ZYP）”。其三是使命归属，共有21位受访教师认同，内容主要是小学全科教师对教育事业的责任感、归属感、教育情怀、教学激情。受访教师对使命归属的代表性论述如，“认同感使我对教育小孩子们充满了热情，行动力是非常强的，对于小孩子、对于教育工作是激情澎湃的（LSB）”；“教师对工作非常认真、负责，能够抱有尽心尽责的使命感（YB）。”

小学全科教师职业认同感的另一个成分是职业价值，在总体中占比28.0%，这一成分包含社会进步、学生成长和教师发展三个子维度。其中社会进步这一子维度被提及的次数最多，教师发展则被最多的受访者认同。社会进步是指小学全科教师这一职业能够传承人类文明成果，提高国民素质，推动社会进步，小学全科教师这一职业价值共18位受访者提及59次。例如，受访者直接描述：“小学全科教师的存在，很大程度上解决了农村缺老师的问题，也为留守儿童带来了希望，所以我觉得从事这个职业是有意义的（LSB）。”教师发展意为小学全科教师从事这一职业可以满足教师个人生存、发展和自我实现的需要，共被提及50次。访谈中汪老师认为：“通过小学全科教师这份职业体现自己的一些价值，帮助自己成长或者说实现自我价值，也愿意去坚持从事这份职业（WXX）。”17位受访者关注学生成长这一子维度，描述了小学全科教师对于教学对象的巨大作用，这些作用包括学生道德品质的塑造、学业成就的提升、体育技能的训练、个性人格的健全等。其中一位陶老师提到小学全科教师“把所任教的学科教得很好，对于学生的整个成长，对于学生的发展前途都很有用，当然也包括学生的身体健康各个方面（TX）”。

职业角色是小学全科教师职业认同感的第三个成分，共占比

20.6％。结果发现，这一成分涵盖了处事认真、身份接纳、敬业奉献和临难乐观四个子节点，其中处事认真出现频率最高、材料来源数也最多。职业角色中的处事认真是指小学全科教师对待教育教学工作时表现出认真、严谨、耐心。这种职业角色在受访教师看来是“每堂课都特别认真地备课，而且对这份职业要求的每项工作都非常认真（WXX）”。其次，临难乐观这一职业角色要求小学全科教师遇到工作中的各种困难，能保持乐观积极的心态，充满正能量。正如这位老师所说：“面对困难的时候也不会想着要退缩，而是想着积极解决这样一个问题，看待问题都是抱着一种非常积极向上的心境（FQC）。”另外，职业角色中的身份接纳和敬业奉献，被受访者论述的比重相当，这两个子成分分别阐释了小学全科教师发自内心地接纳自我期望的身份，甘于为教育教学事业付出精力和感情。其典型的描述如一位冉老师访谈时激动地承诺“愿意一直默默地为自己的这份职业付出自己的所有（RYH）”。

小学全科教师职业认同感的最后一个成分是职业效能，占受访者描述总量的19.5％。受访者的回答主要集中在他们能否具有课堂教学、培育人才、人际沟通和个性匹配四个方面的效能感。职业效能中的课堂教学侧重的是小学全科教师跨学科的融合教学效能，培育人才关注的是小学全科教师促进小学生德智体美劳全面发展的育人效能，人际沟通体现为小学全科教师做好家校沟通、师生交流和同事对话的交往效能。这三个子成分聚焦于教育教学工作的内容，被受访者提及的次数依次为31、20、34，都比第四个子成分个性匹配多。受访者关于这三个成分的表述比较综合，比如“我会思考自己能不能像小梅花课程那样真正实现融合教学，能不能培养出品行优秀、成绩也好的学生，能不能做到高质量的人际沟通，特别是那些农村留守儿童的家校沟通问题（ZZY）”。此外，相对较少的个性匹配考量的是小学全科教师对自身人格特质和职业能力需求切合度的信心。访谈中，有些受访者表达了他相信自己的某些性格特征，使其“特别适合做一名小学全科老师（HL）”。

表 2-3　小学全科教师职业认同感结构的关联式编码

小学全科教师职业认同感的成分	编码名称		材料来源（个）	参考点（个）
关联式编码 1	职业价值			
	关联式编码 1.1	社会进步	18	59
	关联式编码 1.2	学生成长	17	40
	关联式编码 1.3	教师发展	21	50
关联式编码 2	职业情感			
	关联式编码 2.1	喜欢热爱	20	58
	关联式编码 2.2	幸福快乐	22	54
	关联式编码 2.3	使命归属	21	58
关联式编码 3	职业角色			
	关联式编码 3.1	处事认真	20	37
	关联式编码 3.2	身份接纳	12	22
	关联式编码 3.3	敬业奉献	12	19
	关联式编码 3.4	临难乐观	16	32
关联式编码 4	职业效能			
	关联式编码 4.1	课堂教学	18	31
	关联式编码 4.2	培育学生	14	20
	关联式编码 4.3	个性匹配	16	19
	关联式编码 4.4	人际沟通	20	34

注：材料来源个数是指该编码来自多少个受访者，参考点个数是指该编码被不同受访者提及了多少次，下同。

（二）小学全科教师职业认同感的影响因素

表 2-4 表明，影响小学全科教师职业认同感的主要因素分别

来自教师个人、社会环境、培养高校和供职小学四个方面，其中教师个人因素共 50 次，社会环境因素共 83 次，培养高校因素共 106 次，供职小学因素共 162 次。

供职小学因素对小学全科教师职业认同感的影响被提及的最多，占比 40.4%。受访的小学全科教师认为影响其职业认同感的这类因素主要包括物质环境、民主权益、班级氛围和薪资福利。其中物质环境占比最大，被反复提及了 68 次。他们所说的物质环境主要是农村小学所处的自然环境以及客观教学条件。受访者对工作的物质环境表述如，“你想做什么教学工作，领导和同事都很支持，大家也会互相帮助，就这样的氛围会让我更加认同这份职业（HL）”。共有 19 位受访者说明了民主权益因素对其职业认同感的影响，这一因素主要指小学全科教师能够参与学校相关事务的决策，获得休息休假、职称晋升、进修培训等切身发展权益。特别是，“学校提供比较大的晋升、发展空间，会直接影响教师的职业认同感（ZQH）”。其余两个因素被受访者描述的比重接近，班级氛围因素容纳了师生关系、家长态度、课堂教学情境等内容，被 18 位受访教师描述了 30 次；薪资福利因素则聚焦在学校绩效工资分配、职工福利的落实情况，受到 17 位小学全科教师的 28 次关注。

影响小学全科教师职业认同感的另一个主体是职前培养高校，这类因素占比 26.4%，涉及技能操作性、课程实用性、全科落实度、资源投入度四个子因素。其中技能操作性对职业认同感的影响被 23 位受访教师认可，在表 2-4 列出的所有影响因素中材料来源数最多。技能操作性描述的是高校在培养全科师范生过程中，重视教学实践技能及其操作性的程度。一位受访者如此论述这一因素的作用，“大学期间非常注重训练教学实践能力，这种技能可以直接应用在现今的教学工作中，对提升我的职业认同感比较有帮助（CFC）”。另一个影响因素全科落实度，展示了小学全科教师对高校期间自己所掌握的全面学科知识、融合教学方法的关切，共有23次相关说明。譬如，“在校期间我们专业虽然学了很多学科的基础知识，但限于个人的时间和精力，一专多能并没有完全落实，这在某种程度上降低了我的职业认同感（LSX）”。相比而言，结果中的其他两个因素课程实用性和资源投入度的论述较少，前者是指课程体系设置与胜任一线教学工作所需品德、信念、学识、情感的切合度，后者关心的是高校对小学教育专业的师资、实训设备、经费资源等投入情况。关于这两个因素的论述，观点比较鲜明的受访教师指出：“是否认同小学全科教师这个职业，要看学校对我们这个专业培养的力度，以及是否重视，有没有给我们提供一些必要的学习资源，所开设的课程是否实用等（ZWH）。”

除了学校的作用，受访者还提到了社会环境因素对其职业认同感的影响，描述量共占比20.7%，分为舆论氛围、政策条件、亲友支持三个子因素。其中舆论氛围被18位受访者提到了42次，论述的是公众关于小学全科教师的看法以及社会尊师重教的氛围影响其职业认同感。例如，有受访教师谈道：“社会对我们全科教师这个行业的支持和理解，还有社会对教师地位的尊重都会影响教师本人的职业认同度（WQ）。”另一个子因素政策条件，主要指教育行政部门对小学全科教师群体的政策优惠程度，包含职前学费和生活补助、享受事业编制、职称评审倾斜等具体的措施。这些利好的政策帮助师范生解决了求学遇到的经济困难，也增加了小学全科教师的职业认同感（TT）。社会支持系统中的亲友支持也会影响小学全科教师的职业认同感，特别是家人、挚友、教师的推荐，能直接作用于“我们对于专业和职业的选择以及认同程度（LSX）”。

结果显示，影响小学全科教师职业认同感的个人因素占比12.5%，归为能力倾向、从教动机、发展规划三类。其中从教动机和发展规划因素的描述量相当，而能力倾向因素被提及的次数比较少。受访者所回答的从教缘由中，最多的是出于对教育工作的兴趣，例如田老师说：“我自己对当老师这个较为感兴趣，就是为了乐趣而教，所以我非常认同教师职业（TWZ）。”发展规划因素主要是小学全科教师对自身职业前景和发展空间的认知，犹如“我认为全科教师是未来小学教育实践的必然趋势，非常认同这个职业（TX）”。能力倾向因素则是受访教师对从教潜能的自我评估，如有教师主张“教学能力强的教师往往表现出更多职业认同感（CFC）”。

表 2-4　小学全科教师职业认同感影响因素的关联式编码

小学全科教师职业认同感的影响因素	编码名称		材料来源（个）	参考点（个）
关联式编码 1	教师个人因素			
	关联式编码 1.1	能力倾向	7	10
	关联式编码 1.2	从教动机	14	21
	关联式编码 1.3	发展规划	12	19
关联式编码 2	社会环境因素			
	关联式编码 2.1	舆论氛围	18	42
	关联式编码 2.2	政策条件	10	16
	关联式编码 2.3	亲友支持	16	25

（续表）

小学全科教师职业认同感的影响因素	编码名称		材料来源（个）	参考点（个）
关联式编码 3	培养高校因素			
	关联式编码 3.1	技能操作性	23	61
	关联式编码 3.2	课程实用性	7	8
	关联式编码 3.3	全科落实度	12	23
	关联式编码 3.4	资源投入度	10	14
关联式编码 4	供职小学因素			
	关联式编码 4.1	物质环境	17	68
	关联式编码 4.2	民主权益	19	36
	关联式编码 4.3	班级氛围	18	30
	关联式编码 4.4	薪资福利	17	28

（三）小学全科教师职业认同感的理论建构

在上述小学全科教师职业认同感构成要素和影响因素分析的基础上，进一步探寻这四个成分之间、四类因素之间以及成分与因素之间的关系，具体编码结果如表 2-5 所示。

表 2-5　小学全科教师职业认同感的选择式编码

小学全科教师职业认同感的结构	编码名称		材料来源（个）	参考点（个）
关联式编码 1	结构成分间的关系			
	关联式编码 1.1	价值角色社会性	6	8
	关联式编码 1.2	效能情感个体性	9	11
	关联式编码 1.3	四个成分整体性	13	16
关联式编码 2	影响因素间的关系			
	关联式编码 2.1	高校小学交互性	8	10
	关联式编码 2.2	社会环境先导性	4	5
	关联式编码 2.3	教师个人决定性	6	7
关联式编码 3	成分与因素间的关系			
	关联式编码 3.1	环境制约价值情感	5	7
	关联式编码 3.2	教师体验情感效能	4	6
	关联式编码 3.3	高校培养效能角色	6	9
	关联式编码 3.4	小学塑造角色价值	4	5

表 2-5 显示，小学全科教师职业认同感四个成分的整体性被提及的次数最多，材料来源数也最多。在这些受访者看来，职业价值、职业情感、职业角色和职业效能共同构成了小学全科教师的职业认同感，这些成分是一个有机整体，不能随意割裂，成分之间相互联系、共同发挥作用。关于四个成分的整体性，一位受访小学全科教师谈到，“教师认同的内容包含职业本身的价值、理想的角色，也有情感成分，还有自己能不能胜任这一职业，这四个方面缺一不可，相辅相成（RYH）”。此外，访谈中部分因素的具体特点也有描述。9 位受访者 11 次提到职业价值和职业角色指向社会对教师的需求，而职业情感和职业效能则依赖教师本人的体验与评价，共被 6 位受访者描述了 8 次。

其次，结果表明影响小学全科教师职业认同感的四类因素中培养高校和供职小学因素之间存在交互作用，社会环境因素扮演指挥导向角色，教师个人因素具有决定性的功能，这三个关联式编码分别被不同受访者谈及 10 次、5 次和 7 次。高校小学因素的交互性主要表现为职前高校对师范生职业认同的教育效果，会延续到他们在小学任职后对职业的认同程度；社会环境的先导性是指全社会对小学教师的尊重氛围，指引高校培养取向、小学重视程度和教师个体的接纳水平；相比其他影响因素而言，职业认同感作为一种高自我卷入的感受体验，教师个人因素在其中起关键作用。受访者关于成分间关系的典型描述有，“整个社会对于全科教师的认可程度虽然会影响我的职业认同感，但这不是最重要的因素，因为我自己对教育工作的兴趣才有决定作用（LTZ）”。

表 2-5 中的关联式编码 3 反映了小学全科教师职业认同感结构成分与影响因素的关系，其四个子编码分别出现了 7 次、6 次、9

次和5次。这些子编码的内涵依次为社会环境因素主要制约小学全科教师职业认同感的价值和情感成分，教师个人因素主要影响职业情感和效能，职前高校因素侧重培养教师职业效能和角色，供职小学因素利于塑造教师职业角色和价值。上述四个子编码共同表达了影响因素对职业认同感成分的具体作用，受访者关于这些作用的综合型论述如，“据我所知，有些影响因素肯定会和职业认同感的具体成分有关系，比如大学主要培养我们适应教师角色的职业技能，教师本人因素会直接导致情感体验的变化（LSB）”。

最后通过选择型分析法，确定小学全科教师职业认同感的结构为核心范畴，并完成了小学全科教师职业认同感的扎根理论建构，见图2-1。该扎根理论中，小学全科教师的职业认同感由职业价值、职业情感、职业效能、职业角色构成；四个成分之间既是社会性与个体性的统一，也是共生性的有机整体；四类影响因素各有侧重，对职业认同感不同成分均有作用。

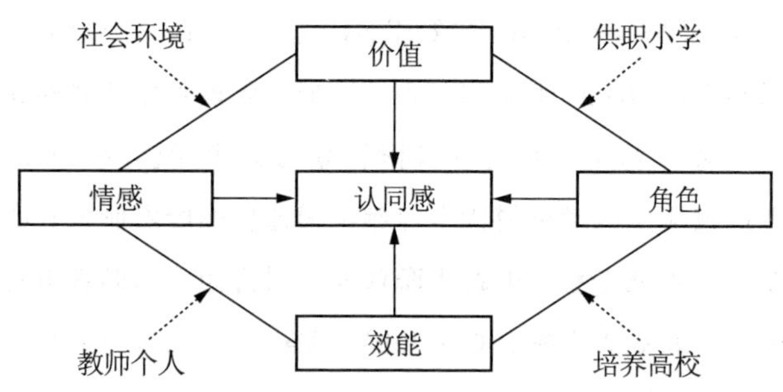

图2-1　小学全科教师职业认同感的结构理论

四、讨论与结论

小学全科教师的职业认同感是一个多成分共同发挥作用的系

统概念。本次访谈中，受访者在职业认同感的结构要素和影响因素方面做了深入阐释，得到了不少有价值的研究结果，这为后续设计小学全科教师职业认同感的测量工具和培养机制提供了建设性思路。

（一）小学全科教师职业认同感的四因素结构

本研究最显著的发现是职业价值、职业情感、职业角色、职业效能共同构成了小学全科教师的职业认同感，其中职业价值和职业角色属于教师职业认同感的认知成分，职业情感和职业效能反映的分别是教师职业认同感的情感和意志成分。这四个成分对应知、情、意三个维度，符合学界对人类心理活动的基本解释要求。具有高度职业认同感的小学全科教师，表现出充分认识到教师职业本身的宝贵价值和角色期望，体验从事教师工作带来的愉悦、幸福等的情感，相信自己能够实施融合教学以促进小学生的全面发展。

与以往研究相比，本研究得到的教师职业认同感成分既有一致性，也有独特性。首先，一致性表现为相似的成分出现在其他研究者对教师职业认同感结构要素的研究结论中。例如，本书第一章综述教师职业认同的结构模型中，宋广文和魏淑华（2006）的六因素模型、周珂等人（2012）的五因素模型、孙利和佐斌（2010）的三因素模型都涵盖了职业价值和职业情感这两个重要成分。此次访谈研究中教师职业认同感中职业角色和职业效能成分虽然不像其他两个成分那样，得到了学界的广泛认同，但也有少部分相关测量研究证实了它们的必要性。比如，第一章中李晔等人（2013）以及魏淑华等人（2013）的四因素模型都包含了职业角色这一要素，而李笑樱和闫寒冰（2018）的三因素模型和王鑫强等人（2010）的四因素模型也都出现了职业效能成分。上述相似性恰好说明了本次访谈所建构的小学全科教师职业认同感四因素模型的合理性。究其缘由，小学全科教师本质上仍然是教师，其职业认同感结构与其他普通分科教师的职业认同结构相似，便可以得到合适的解释。

其次，独特之处是本研究发现的四个成分并没有同时出现在其他关于教师职业认同感的研究中，而且也较早地探析了这四个成分之间相互影响、系统共存的关系。除了整体组合的创新性，小学全科教师这一群体自身的特殊性导致其职业认同感四个成分的内涵和强度也有比较独特的意义。其一，相比普通分科小学教师，当前农村教育场域中的小学全科教师需要面对艰苦的教学条件，承担跨学科的融合教学任务，导致他们职业认同感中职业效能的内涵更丰富，强度也更大。其二，由于绝大多数小学全科教师都是定向培养，毕业后必须长期扎根在偏远农村工作和生活，故其职业认同感中职业情感饱含浓厚的乡村情怀。如果小学全科教师心灵深处缺失这种乡村教育情怀，他们很难在乡村学校“下得去，留得住，教得好”（高汝伟，2018）。其三，小学全科教师遇到的教育对象中有很大部分是隔代教养、父母均外出务工的留守儿童，这一群体的数量大约为697万，其中51.9%的是留守小学生（民政部，2018），在农村工作的全科教师们承载着留守儿童出人头地的希望，肩负着振兴乡村教育的使命。毋庸置疑，小学全科教师职业认同感中职业价值的内涵和大小超出了普通城市小学教师。最后，包班制的教学组织形式和远离父母的教育对象，使得小学全科教师的职业角色不仅仅包含常见的传道、授业、解惑的教师，同时也扮演了照顾小学生日常生活的亲人角色

（马巧玲，2016）。总之，本研究析出的小学全科教师职业认同感的四个成分与普通分科教师职业认同感的构成要素有一定的区分，但确实符合其所处的教育实践背景。

（二）小学全科教师职业认同感的主要影响因素

另一类值得注意的访谈结果是，受访者提到了诸多来自高校、小学、社会和教师本人的职业认同感影响因素，以及这些因素对职业认同感成分的不同作用。每类影响因素中，描述比重最多是从教动机、舆论氛围、技能操作性、物质环境，可以推断这四个因素对小学全科教师职业认同感的影响得到了比较普遍的赞同。对比本书第一章综述影响教师职业认同感的因素，可知以往研究集中在人口学变量、社会支持系统、学校文化和师生关系等因素，对本次访谈中小学全科教师提及最多的四个影响因素关注颇少。分析其原因，可能与小学全科教师产生的历史背景及其特殊性有关。回顾小学全科教师产生的背景可知，这一职业还是新生事物，中国社会大众对该群体的接受程度并不高，甚至还有不少误解（田振华，2016）；地方为缓解农村师资紧缺问题，制定了全科师范生入学和就业的优惠政策，某种程度上加剧了他们从教动机多样化；高校对这类师范生的培养实践也是初步探索阶段，专业技能训练仍显经验不足（宋秋前，2014）；定向培养形式锁定了其就业区域为广大农村地区，比城市小学的教学条件艰苦很多。因此，受访小学全科教师强调多次的从教动机、舆论氛围、技能操作性、物质环境影响其职业认同感，符合其所面临的教育实际情况，也是未来研究需要重点探讨的课题。

访谈结果发现，受访教师认为最直接影响职业认同感的是从教动机，归属教师个人因素，这表明受访教师在选择职业时充分考量了自己的意愿和兴趣，才会产生喜欢的职业情感和积极评价从教潜力的职业效能，进而展现出比较高水平的职业认同。从教动机这一因素启示，今后小学全科教师的选拔过程中应设计科学的测量工具筛查其从教动机，录取那些真正热爱、愿意投身教育事业的学生；并在人才培养过程中适当引入退出机制，减少公费师范生学习动机低下、能力倾向不适合从事教师职业的弊端，使小学全科教师的“进”和“出”有章可循（张松祥，2016）。

受访者也强调，社会环境中的舆论氛围是另一个重要的影响因素，在尊师重教的社会风气和“全人启蒙”的教育理念影响下，会有越来越多的优秀人才愿意加入小学全科教师群体，并认同这一职业的巨大价值。因此，各级教育行政部门应在全社会营造程门立雪式的教育气氛，采取适当的措施引导社会公众正确认识小学阶段儿童教育的特点，理解培养小学全科教师是未来小学教育发展的应然之路（宋晔，郭强，2014），这一群体扮演了乡村教育振兴的推动者、小学教育模式和理念变革的引领者、乡村振兴的重要参与者的角色（郭顺峰，田友谊，郑传芹，2019）。

再者，受访者还关切了自己从职前培养高校所获专业技能的操作性，能否学以致用对小学全科教师的职业认同感存在较大影响。目前教育实践领域，小学全科教师需要习得的专业技能种类比分科小学教师更丰富，除了常规的教师教育技能外，还需要掌握音乐、表演、绘画、舞蹈、体育等艺体学科的技能（蔡其勇，卢梦丽，2017）。但是通过短短四年的师范生阶段训练，多数只能达到浅层次的理论模仿水平，离灵活应用在实操性的教学情境中还有一段差距。这种差距的存在警示承担小学全科教师培养任务的师范院校，应适当调整技能训练的广度和强度，既要避免

"全科"字面上的学科数量叠加，也能适应未来开展融合教学的实际技能需求（李铭磊，韩延伦，2019）。

最后，访谈结果表明供职小学客观的教学条件也会影响小学全科教师的职业认同感，农村比较艰苦的教学和生活条件往往会引发这些教师的消极情绪体验，因结构性缺编导致教师不得不承受繁重的教学负担，使其倍感"身心疲惫"（张鸿翼，李森，2019），最终导致服务期未满就主动离职的后果。因此，地方政府需要通过多种渠道整合大量资源，逐步改善农村小学的教学条件，尤其是师资力量和教学硬件，想方设法留住有情怀、善教学的小学全科教师，回应农村小学教育的期待和守望。

综上所述，本次访谈研究获得了以下结论：小学全科教师的职业认同感是一个多维度的概念，由职业价值、职业情感、职业角色、职业效能四个成分组成；影响小学全科教师职业认同感的因素来自培养高校、就职小学、社会环境和教师个人四个方面，这些因素对职业认同感不同成分的作用各有侧重。诚然，本研究的结果是基于25位访谈者观点的分析与整合，所以与多数质性研究结果一样，其外部效度有待进一步提升，由此获得的小学全科教师职业认同感的结构模型和影响因素仍需要证实研究加以验证。

第三节　小学全科教师职业认同感测量工具的编制

一、引言

上一节中，根据对25名小学全科教师逐一深度访谈结果，建构了该群体职业认同感的结构成分理论，获得了职业价值、职业情感、职业角色、职业效能四个成分。这四个维度可以被看作小学全科教师认同感的认知、情感和意志成分，由此归纳出划分标准是认同感本身的心理成分指向。职业价值和职业角色描述的是小学全科教师对教师职业具有社会意义和个体意义、社会角色和自我期望的认同，职业情感指向的是小学全科教师从事教育工作过程中的感受体验、情绪情感的认可，职业效能涉及的是小学全科教师对自身人格匹配和能力胜任的肯定。那么这四个基于少数个体质性访谈所提取的成分是否可以量化成具体的测量指标？能否用这些指标组成科学的测量工具？为回答这类科学问题，接下来将在上述四维结构模型的基础上，编制适宜测量小学全科教师职业认同感的有效工具，用量化方法为小学全科教师的职业认同感下操作性定义。

二、研究方法

（一）研究对象

采用方便取样，抽取502名小学全科教师作为调查对象，共回收问卷485份。其中男性135人，女性350人；被调查对象的年龄介于22～26周岁（$M=22.80$，$SD=0.86$）；教龄都不超过3年。

（二）题目来源

预试问卷的题目编制大致包含以下几个步骤：首先，根据开放式调查和深度访谈中的论述收集项目，并参考前人设计的教师职业认同问卷如孙利和佐斌（2010）的《中小学教师职业认同问卷》、魏淑华，宋广文和张大均（2013）的《中小学教师职业认同感量表》、李笑樱和闫寒冰（2018）的《教师职业认同感量表》中的相关题项描述，共获得了40个题项。其次，邀请具有高级职称的教育测量专家对项目的表述质量进行初步评价，删减修改成 28 个题目。再次，选择 10 位小学全科教师进行小范围的测试，根据他们的反馈意见再次对项目的语句进行修订和删减，保留了 16 个题目。最终预试问卷由 16 个职业价值、职业情感、职业角色和职业效能四个维度的项目以及 1 个效度项目构成，采用 5 点评分，1＝“非常不符合”、2＝“比较不符合”、3＝“不确定”、4＝“比较符合”、5＝“非常符合”。

（三）施测程序

采用以学校为单位邮寄填答和培训结束时团体施测两种方式获得问卷数据，使用同一的指导语要求被试根据自己的实际情况对所有题目逐一进行评定。之后开展问卷质量筛查工作，剔除效度题（测被试是否认真作答）小于 4 分的问卷 4 份，规律作答的问卷 1 份，包含 3 个标准差以外的极端值问卷 1 份，剩余 479 份有效问卷进入下一步项目分析。

三、研究结果

（一）项目分析

项目分析过程中，本研究分别采用极端组比较法和同质性检验法考察量表中每个题项的适切性（吴明隆，2010a）。其中，极端组比较法的判别指标为临界比或决断值，同质性检验法的判别指标包括题项与总分的相关系数、题项在量表共同因素中的因素负荷量和共同性、内部一致性信度检验。项目分析具体结果如表 2-6 所示。根据表 2-6 最后一行的判别标准，题项 A4 在删除后的 α 值、共同性和因素负荷量三个指标上不符合相应的标准，故删除该题项。此外，初步施测结束后，邀请被试反馈作答量表题项的感想，多数被试表示题项 A9 和 A5 描述的内容比较宽泛、不够明确，没能理解到题项的测试重点，难以做出符合自己实际情况的选择。因此，补充删除了 A9、A5 这两个题项，保留剩余的 13 个题项进入下一步探索性因素分析。

表 2-6　《小学全科教师职业认同感量表》项目分析结果（N=479）

题项	极端组比较和同质性检验					未达标数量	处理结果
	决断值	与总分相关系数	删除后的 α 值	共同性	因素负荷量		
A1	15.531***	0.682**	0.880	0.476	0.690	0	保留
A2	17.222***	0.692**	0.879	0.483	0.695	0	保留
A3	14.553***	0.616**	0.883	0.378	0.615	0	保留
A4	8.227***	0.443**	0.894	0.148	0.385	3	删除
A5	17.394***	0.685**	0.880	0.469	0.685	0	保留
A6	12.919***	0.551**	0.885	0.304	0.551	0	保留
A7	15.584***	0.620**	0.883	0.380	0.616	0	保留
A8	15.515***	0.627**	0.883	0.384	0.620	0	保留
A9	16.479***	0.677**	0.880	0.460	0.678	0	保留
A10	12.725***	0.633**	0.882	0.400	0.633	0	保留
A11	13.325***	0.604**	0.884	0.356	0.597	0	保留
A12	12.854***	0.584**	0.884	0.343	0.586	0	保留
A13	18.035***	0.715**	0.878	0.537	0.733	0	保留
A14	13.251***	0.592**	0.884	0.370	0.608	0	保留
A15	11.843***	0.577**	0.884	0.347	0.589	0	保留
A16	12.138***	0.592**	0.884	0.365	0.604	0	保留
标准	≥3.00	≥0.40	≤α	≥0.20	≥0.45		

注：表中内部一致性信度 Cronbach's α 系数为 0.889，* 代表 $p<0.05$，** 代表 $p<0.01$，*** 代表 $p<0.001$。

（二）探索性因素分析

取样适当性和 Bartlett 球形检验结果显示，量表的 KMO 值为 0.865，χ^2 值为 2 539.515（$df=78$，$p<0.001$），表明变量间存在共同因素，适合做探索性因素分析。探索性因素分析过程中采用主成分分析法提取因素，最大变异法进行直交转轴，并综合

考虑特征值大于 1、陡坡图走向情况、因素命名可行性等指标，获得的分析结果见表 2-7。结果显示，每个题项在相应维度上的因素负荷量均高于 0.40，共同性也均高于 0.20，四因素的累计解释变异量为 68.963%。

表 2-7　《小学全科教师职业认同感量表》探索性因素分析结果一（N=479）

题　项	最大变异法直交转轴后成分矩阵因素负荷量				共同性
	职业效能因素一	职业价值因素二	职业角色因素三	职业情感因素四	
A15	0.844				0.745
A14	0.838				0.760
A16	0.777				0.669
A13	0.597				0.634
A7		0.845			0.781
A6		0.796			0.693
A8		0.726			0.633
A2			0.789		0.724
A1			0.765		0.704
A3			0.730		0.648
A12				0.843	0.787
A11				0.769	0.691
A10				0.530	0.496
旋转后特征值	2.638	2.280	2.170	1.876	
解释变异量	20.294	17.542	16.695	14.433	
累积解释变异量	20.294	37.836	54.531	68.963	

考虑到《小学全科教师职业认同感量表》所包含的四个因素之间可能存在相关性，故采用主轴法抽取因子、直接斜交法转轴，再次进行探索性因素分析，具体结果如表 2-8 所示。结果显示，13 个题项依然归入四个因素，这四个因素的累计解释变异量 57.223%；每个题项的共同性均大于 0.20，除样式矩阵中的题项 A10 在职业情感上的因素负荷量不足 0.40 外，其余 12 个题

项在对应维度上的因素负荷量都大于0.40。

表2-8 《小学全科教师职业认同感量表》探索性因素分析结果二（N=479）

题项	主轴法斜交转轴后结构矩阵因素负荷量				主轴法斜交转轴后样式矩阵因素负荷量				共同性
	职业角色	职业效能	职业情感	职业价值	职业角色	职业效能	职业情感	职业价值	
A2	.784				.796				.616
A1	.761				.734				.583
A3	.645				.582				.439
A14		-.828				-.839			.690
A15		-.785				-.822			.621
A16		-.722				-.695			.527
A13		-.688				-.477			.565
A12			.931				.980		.878
A11			.592				.479		.394
A10			.513				.311		.357
A7				.894				.920	.800
A6				.711				.680	.512
A8				.655				.574	.457
旋转后特征值	3.603	3.448	2.795	3.066					

综合探索性因素分析结果对所获的四个因素分别命名。因素一主要涉及小学全科教师认同自身能够胜任教育教学工作、处理学校的人际关系，命名为“职业效能”，共4个题项；因素二反映了小学全科教师认同教师职业给学生和社会带来的巨大价值，命名为“职业价值”，共3个题项；因素三描述了小学全科教师的自我身份认同、社会角色认可方面的情况，命名为“职业角色”，共3个题项；因素四是关于小学全科教师对自身职业表示快乐、向往、欣慰等情感认同的阐述，命名为“职业情感”，共3个题项。至此，《小学全科教师职业认同感量表》由13个主题项和1个效度题构成，具体题项描述见附录3。

四、讨论与结论

（一）小学全科教师职业认同感结构的合理性

小学全科教师职业认同感的结构是设计其测量量表的重要依据。根据本书第一章文献分析质性综述、第二章中开放式调查和深度访谈的实证探索，提出了小学全科教师职业认同感的四因素结构，这些因素分别是职业价值、职业角色、职业情感和职业效能，本次调查数据也验证了该理论构想。如之前深度访谈的讨论部分所述，小学全科教师职业认同感所包含的这四个因素与普通分科教师的职业认同感成分之间既有共通性，也有独特性。

在此，通过分析本书第一章表 1-2 梳理的教师职业认同感结构成分具体说明共通性。对比表 1-2 可知，教师职业认同感所包含的职业情感因素出现了 12 次，如职业情感、职业归属感、职业自豪感等，是当中被描述最多的成分。这似乎说明小学全科教师对职业认同感最直观的感知就是一种主观的情感体验，个体认同教师职业的首要表现是情感上的支持，常见的这些情感如归属、自豪、喜欢、热爱、快乐等。持此种观点的小学全科教师认为职业认同感是一种主观感受，是一种积极的心理状态，对自己是否认同职业的评价主要依赖于个体内定的标准，而不是他人或外界的准则。其次，职业价值相关因素在表 1-2 中共出现了 10 次，四个因素中位居第二。这表明小学全科教师的职业认同感另一个集中表现是对自身从事的教育事业的巨大价值或社会意义的积极认知。出现这一结果很可能是因为中国优秀的文化传统——尊师重道观念的影响。比如，儒家文化中“天地君亲师”被人们奉为祭祀的对象；《荀子・大略》中有“国将兴，心贵师而重傅”；李觏在《广潜书》中写道：“善之本在教，教之本在师。”

而且，社会对教师能传播人类科学文化知识，培育了蒙童的心灵这些作用也达成了共识。因此，小学全科教师作为广大教师群体的重要组成部分，其自然会感受到自身职业的正向价值。第三，职业效能相关的因素在表1-2中出现了8次，涉及职业能力、职业技能和职业效能等描述。这一成分的合理性在于如果个体不能胜任全科教师工作任务，就很难在从教过程中产生或强化对该职业的积极体验，反而可能引发的是小学全科教师的习得性无助感或离职行为。最后，职业角色因素的出现频次为3次，如角色概念、角色期望等因素。这一成分关照的是小学全科教师对身份的认同，以及是否将社会期望的小学全科教师角色纳入自我概念。由于小学全科教师在我国仍是比较新的职业称呼，普通公众对其角色定位还存在一些认知偏差，因此该群体自身对角色和身份的认同便是其职业认同感必不可少的要素。从共通性的角度，本研究通过数据萃取的四个因素确实是小学全科教师职业认同感的重要成分。

如第二节讨论部分所述，与普通分科教师的职业认同感成分相比，小学全科教师职业认同感成分的独特性主要体现为上述四个因素的内涵和强度有明显的区别。概括起来，这些差别就是认同自身职业的小学全科教师，其职业情感饱含乡村情怀、职业效能关注全科教学能力、职业价值关照留守儿童、职业角色亦师亦亲。造成小学全科教师职业认同感成分独特性的主要原因在于该群体的工作实际情况，在中国这一职业自正式诞生以来，就肩负着解决农村小学急缺师资问题、振兴乡村基础教育的重任（焦炜，李慧丽，2018），多数小学全科教师的生源地原本就是偏远的农村，认同这一职业的全科教师往往具有“从农村来、回农村去”的乡村情怀。而且，该群体还需要承担语数外、音体美等多学科的教学工作，不仅扮演广大留守儿童智力发育启蒙者的角色，还需要扮演他们积极情感守护者的角色（蔺海沣，赵敏，杨柳，2019）。因此，小学全科教师职业认同感结构成分的独特性，恰好说明后续研究不能直接沿用其他众多以分科教师为预测对象的职业认同感测量工具。

（二）《小学全科教师职业认同感量表》的有效性

对《小学全科教师职业认同感量表》的信度和效度检验结果将在下一节中详细阐述，但是从量表编制的全过程可以推断量表的严谨性。其一，量表项目来源于前期开放式调查和深度访谈中被试的描述以及其他信效度比较高的量表，说明量表题项来源可靠。其二，每个题项都经过多位同行专家的反复论证，还考量了小样本测试后被试的评价意见，一定程度上保证了逻辑效度和表面效度。其三，探索性因素分析的结果与前期建立的理论结构基本一致，可以看作是量表构想效度的佐证。

综上所述，本研究通过对502名调查对象的问卷数据进行项目分析和探索性因素分析，得到以下结论：职业价值、职业角色、职业情感和职业效能构成了小学全科教师的职业认同感，这四个因素的测量工具包含13个主题项和1个效度题项。

第四节　小学全科教师职业认同感量表的信效度检验

一、引言

上一节将开放式调查和深度访谈所提取的四维因素结构转换

成具有操作性的测量指标，根据量表编制的基本流程设计了《小学全科教师职业认同感量表》，经过项目分析和探索性因素分析，最终确定了 13 个主要项目，分别归属于职业价值、职业角色、职业情感和职业效能四个维度。那么该量表的信度和效度是否达到了测量学的要求？为弄清该测量工具的信度和效度，本节将利用该工具对小学全科教师再次施测，获得相应的实证数据对《小学全科教师职业认同感量表》的信度和效度加以验证。

二、研究方法

（一）研究对象

本次研究共选取 4 个由小学全科教师组成的不同样本。其中，样本 1 包含 140 人，用来衡量量表的重测信度。经缺失值、极端值、效度题等多重筛选后，回收有效问卷 132 份，有效回收率是 95.71%，有效被试中，男性 28 人，女性 104 人，年龄介于 22～25 周岁（$M = 22.69$，$SD = 0.94$）。样本 2 的数量共计 400 人，用于考察量表的构想效度、内部一致性信度、分半信度。同样的方式筛选后回收有效问卷 369 份，有效回收率为 92.25%，其中男性 90 人，女性 279 人，年龄介于 23～27 周岁（$M = 23.98$，$SD = 0.94$）。样本 3 即为上一节参与预试的 502 人，有效被试为 479 人，被试的性别和年龄分布情况详见上一节对研究对象的描述，本节以该样本辅助分析量表的效标效度。样本 4 为下一章第二节参与影响因素调查的部分被试 433 人，有效被试为 432 人，具体信息描述见下一章引言部分。上述 4 个样本所调查的小学全科教师的教龄均不长于 3 年。

（二）研究工具

本次信度和效度的检验用到的测量工具主要是上一节所设计

的《小学全科教师职业认同感量表》。该量表包含13个主题项和1个效度题，分为职业角色、职业价值、职业情感和职业效能4个维度。被试按照符合程度进行李克特式5点计分，得分越高表明职业认同感越高。另外，离职倾向的测量题项选自李永鑫，高冬东和申继亮（2007）编制的离职意向问卷。本次使用的2个题项分别是“我最近常想要去其他行业工作”“未来几年我很可能去找新的工作”，衡量小学全科教师现在和将来的离职意向。为保持测量标尺的一致性，这两个题项也是李克特式5点计分。

（三）研究程序

3个样本的施测均在一个月内完成，样本1利用培训集中的机会现场填答并回收，其他样本多数是通过以学校为单位邮寄纸质调查问卷的方式获得数据。检查问卷填答的完整性与真实性，剔除质量不佳的问卷后，采用SPSS19.0和AMOS19.0对有效数据进行相关分析、信度分析、验证性因素分析等。

三、研究结果

（一）《小学全科教师职业认同感量表》的信度

采用Cronbach's α系数作为量表的内部一致性信度指标、Spearman-Brown系数作为量表的分半信度指标、Pearson积差相关系数作为量表时隔一周的重测信度指标。统计结果显示，量表分半信度为0.853，其重测信度和内部一致性信度如表2-9所示。量表的内部一致性信度为0.911，重测信度为0.796，而且各维度的两种信度都超过0.60，表明该量表及各维度的跨题项、跨时间的一致性均很高，信度处于“甚佳”的水平（吴明隆，2010b）。

表 2-9 《小学全科教师职业认同感量表》的信度系数

	职业认同感	职业角色	职业价值	职业情感	职业效能
重测信度（$N_1 = 132$）	0.796	0.772	0.616	0.636	0.666
Cronbach's α 系数（$N_2 = 369$）	0.911	0.796	0.786	0.758	0.870

（二）《小学全科教师职业认同感量表》的效度

1. 内容效度

早有研究者指出，缺乏内容效度的项目对量表结构造成的威胁可能远大于共同方法偏差的影响（Podsakoff, MacKenzie, Podsakoff, 2012），因此研究者必须重视对量表内容效度的评鉴。本研究采用汉布尔顿内容效度指数作为评价指标（Hambleton, Swaminathan, Algina, Coulson, 1978），邀请 4 位熟悉小学全科教师职前培养和职后发展的专家评估《小学全科教师职业认同感量表》的内容效度。这些评价专家分别是小学的领导干部 1 人（男）、教育职能部门管理者 1 人（男）、高校承担教育课程的教师 2 人（女）。被邀请的 4 位专家分别对量表各项目与相应维度的关联性进行李克特 4 级评分。1 分代表“不相关”，2 分代表“弱相关”，3 分代表较“较强相关”，4 分代表“非常相关”。根据史静琤，莫显昆和孙振球（2012）的建议，各项目评定 3 和 4 的人数占总人数的比例即为该项目内容效度指数（item-content validity index, I-CVI）。详细评分结果见表 2-10。计算所有项目的 I-CVI 的平均数后得到整个量表的内容效度指数（scale-content validity index, S-CVI），结果显示《小学全科教师职业认同感量表》的 S-CVI 指数为 0.96，这表明内容效度达到非常理想的水平。

表 2-10　《小学全科教师职业认同感量表》的内容效度指数

维度	项目	专家评分 1	专家评分 2	专家评分 3	专家评分 4	I-CVI	Pc	K*	评价
职业角色	A1	3	2	3	3	0.75	0.25	0.67	良好
	A2	3	3	4	3	1.00	0.06	1.00	优秀
	A3	4	3	3	2	0.75	0.25	0.67	良好
职业价值	A4	4	3	4	3	1.00	0.06	1.00	优秀
	A5	4	4	4	4	1.00	0.06	1.00	优秀
	A6	4	4	3	4	1.00	0.06	1.00	优秀
职业情感	A7	4	3	4	3	1.00	0.06	1.00	优秀
	A8	3	4	4	4	1.00	0.06	1.00	优秀
	A9	3	4	3	4	1.00	0.06	1.00	优秀
职业效能	A10	4	4	4	3	1.00	0.06	1.00	优秀
	A11	4	4	3	4	1.00	0.06	1.00	优秀
	A12	4	3	4	4	1.00	0.06	1.00	优秀
	A13	4	4	4	4	1.00	0.06	1.00	优秀

注：Pc 为随机一致性概率，K* 为校正后的 Kappa 值，其计算公式见史静琤，莫显昆和孙振球（2012）所著文献。

2. 构想效度

运用极大似然法对样本 2 的数据进行验证性因素分析（confirmatory factor analysis），模型 M 为《小学全科教师职业认同感量表》所包含的一阶四因素斜交模型，其整体适配度指标见表 2-11。据吴明隆（2010b）在《结构方程模型——AMOS 的操作与应用》一书中界定的判别标准，表 2-11 中模型 M 所有绝对适配度指数和简约适配度指数都符合测量学要求。模型 M 各项目的因素负荷量介于 0.667～0.868，误差标准误介于 0.024～

0.057，不存在负的误差变异量，表明模型的基本适配度优秀。结果还显示，模型所估计的参数 t 值介于 3.876～17.280，职业角色、职业价值、职业情感和职业效能四个潜变量的组合信度依次是 0.800、0.797、0.762、0.843，平均方差抽取量依次是 0.572、0.567、0.517、0.576，这些结果都说明模型 M 的内在质量指标均达到心理测量学标准。

表 2-11　《小学全科教师职业认同感量表》的适配度指标（$N_2=369$）

模型	χ^2	GFI	RMR	RMSEA	NFI	TLI	CFI	IFI	χ^2/df	PNFI
M	169.898	0.933	0.031	0.073	0.932	0.936	0.953	0.954	2.981	0.681
M_{T1}	313.615	0.877	0.047	0.105	0.874	0.869	0.896	0.897	5.508	0.695
M_{T2}	361.311	0.846	0.046	0.112	0.855	0.850	0.877	0.878	5.645	0.702

为对比量表模型的合理性，还设置了两个替代模型 M_{T1} 和 M_{T2}。M_{T1} 表示包含职业角色 + 职业价值、职业情感、职业效能的 3 个一阶因子斜交模型，M_{T2} 表示包含职业价值 + 职业情感、职业角色 + 职业效能感的 2 个一阶因子斜交模型。通过比较可知，一阶四因素斜交模型 M 的适配度最好。

3. 效标效度

本研究以离职意向作为小学全科教师职业认同感的效标，将样本 3 和样本 4 的职业认同感及其各维度与离职意向变量进行相关分析，结果见表 2-12。由此表可知，两个样本的小学全科教师职业认同感都与总体离职意向、现在离职意向、未来离职意向显著负相关，而且除样本 3 的职业效能维度与现在离职意向相关不显著外，小学全科教师职业认同感的其余维度也与这些离职意向之间存在显著负相关关系。

表 2-12　小学全科教师职业认同感与离职意向的相关系数（$N_3=479$，$N_4=432$）

	样本	职业认同感	职业角色	职业价值	职业情感	职业效能
现在离职意向	样本 3	−0.251**	−0.294**	−0.155**	−0.224**	−0.066
	样本 4	−0.352**	−0.377**	−0.270**	−0.362**	−0.280**
未来离职意向	样本 3	−0.261**	−0.290**	−0.158**	−0.223**	−0.115*
	样本 4	−0.373**	−0.393**	−0.289**	−0.391**	−0.297**
总体离职意向	样本 3	−0.275**	−0.314**	−0.169**	−0.241**	−0.097**
	样本 4	−0.386**	−0.410**	−0.297**	−0.401**	−0.307**

四、讨论与结论

（一）《小学全科教师职业认同感量表》的信度与效度

从表 2-9 可知，本研究所获数据显示《小学全科教师职业认同感量表》的内部一致性信度、分半信度、重测信度都达到了心理测量通行的标准，说明该测试工具具备较高的稳定性和一致性。

本研究依次验证了《小学全科教师职业认同感量表》的内容效度、构想效度和效标效度。首先，表 2-10 中的各项目内容效度指数优秀或良好，说明《小学全科教师职业认同感量表》的项目所测量内容的适当性和相符性非常高。其次，基于前期开放式调查和深度访谈结果，本书提出小学全科教师的职业认同感由职业角色、职业价值、职业情感和职业效能四个成分组成，而且这四个成分之间既存在一定的相关性，也具有相对独立性。这一理论构想在量表编制的统计检验中就获得了初步的检验，在本研究中则获得了进一步的检验。在此利用 AMOS 软件进行结构方程建模时假设四个因素之间存在一定的共变关系，根据表 2-11 所列量表验证性因素分析的拟合度指标，可知这种假设得到数据的支持，提示该量表能够测到之前四因素理论构想所想要测量的心理特质。再次，表 2-12 中以离职意向为效标的相关系数，也表明该量表所测的职业认同感预测小学全科教师离职意向的有效性程度较高。由此可知，通过对 4 个不同样本的施测，《小学全科教师职业认同感量表》的重测信度、分半信度、内部一致性信度、内容效度、构想效度和效标效度都符合心理测量的基本标准。

（二）本研究的局限与启示

虽然本研究通过数据统计初步验证了《小学全科教师职业认同感量表》的信度和效度，但仍有一些测量指标可以考察得更深入，还有些工作可以做得更细致，为后续量表设计类研究提供一定的启示。比如重测信度方面，不少研究者建议用两因子随机效应单一测量模型的组内相关系数（intra-class correlation coefficient，简称 ICC）衡量重测信度（杨建锋，王重鸣，2008；韦嘉，张春雨，赵清清，尚文，张进辅，2013），因为通过计算组间变异与总变异的比值来推断测量分数的跨时间稳定性，比传统的计算两次测量的积差相关系数更契合重测信度的操作性定义。其次结构效度方面，获得效标数据时应估计由于使用了同类测量工具所造成的偏差，尽量避免扭曲潜在变量间的真实关系，从而影响量表的结构效度（熊红星，张璟，叶宝娟，郑雪，孙配贞，2013）。根据多特质—多方法（Multitrait-Multimethod Method，简称 MTMM）理论，一个有结构效度的工具应该与测量相同结构的其他工具或方法高相关，与测量不同结构的工具低相关（艾肯，格罗思-马纳特，2011），该量表的汇聚效度和区分效度有待进一步考察。因此，下一步研究可计算量表及其各维度的 ICC 系数，为考证量表的重测信度提供新依据。而且，后续研究需采用“Harman 单因子检验”以及“不可测量潜在方法因子检验”对该量表进行共同方法偏差检验；并基于多特质—多方法思想，收集更多变量数据以验证该量表的汇聚效度和区分效度；通过潜在类别分析（latent class analysis，简称 LPA）对持不同职业认同感水平的小学全科教师个体进行分类，在分类的基础上考察不同类别的个体在效标关联效度上得分的差异。

总而言之，本研究通过对 4 个样本数据进行相关分析、信度分析、验证性因素分析等统计处理，得到以下结论：《小学全科教师职业认同感量表》的重测信度、分半信度、内部一致性信度、内容效度、构想效度和效标效度均达到了心理测量学的相应标准，该量表适宜作为测量小学全科教师职业认同感的工具。

本章小结

设计一个科学有效的测量工具是一项极其复杂和艰难的工作，其间需要大量的时间投入、大样本的数据施测、高水平的统计分析技术支撑。本书仅用了三年时间完成了小学全科教师职业认同感结构成分的开放式调查和深度访谈，初步拟定了《小学全科教师职业认同感量表》的 13 个题项，运用心理测量学要求的标准化程序大致验证了其有效性。不可否认，这个量表必然存在一些不够完美之处，限于上述时间、样本和统计技术三个方面的不足，本章对该量表结构探索、信度检验的研究工作只能浅尝辄止，下一章关于职业认同感影响因素的调查研究可以被视为对该量表的效标效度的进一步验证。

第三章　小学全科教师职业认同感的影响因素

本书前两章内容回答了小学全科教师的职业认同感"是什么"及其"包含哪些成分"两个科学问题，并基于这两个问题的回答设计出了信度和效度都比较高的《小学全科教师职业认同感量表》。有了这个比较科学的测量工具，本书对小学全科教师职业认同感影响因素的探讨将不再止步于质性的访谈，接下来会通过开放式调查全面深入地揭示影响该教师群体职业认同感的因素，并利用上一章所设计的测量工具开展量化、实证性的研究，聚焦分析社会因素中的公众认知、高校因素中的培养模式、小学因素中的收入水平、个体因素中的人格特质对小学全科教师职业认同感的作用。

第一节　小学全科教师职业认同感影响因素的开放式调查

一、引言

小学全科教师面向的教育对象是小学生，他们内心单纯、天性率真，小学阶段正是他们人性发展的关键时期，需要小学全科教师用宏厚的人文情怀、艺术修养和健康的身心引导小学生发展人性，可以说此阶段教师的引导作用是举足轻重和不可替代的。然而，职业认同感不足的小学全科教师很难在这六年中扮演好人性启蒙者的角色，不可能做到秉持尊重人性自由发展的理念，深刻理解人性发展的意义，理解教育的本真价值追求，娴熟地运用多种教学方法，从学生的角度为学生人性的自由发展营造宽厚的教育环境（郝福生，2017）。因此，弄清楚哪些因素会影响到小学全科教师职业认同感的变化显得十分重要。

根据前期25位小学全科教师的深度访谈结果可知，其职业认同感的影响因素主要来自社会、高校、小学和个体四个方面，其中社会因素集中体现为整体舆论氛围、高校因素最主要的是培养技能的操作性、小学因素最受关注的是自然物质环境、个体因素侧重教师的从教动机。那么小样本访谈所获的这些影响因素是否涵盖了该群体最关心的问题？是否遗漏或忽视重要的影响因素？为尽可能找到影响小学全科教师职业认同感的所有重要因素，本节再次利用了大样本的开放式调查探寻小学全科教师职业认同感的影响因素。

二、研究方法

（一）调查对象

采用方便抽样法，选取重庆地区在职的小学全科教师350人。回收有效问卷共326份，有效回收率是93.14%；有效被试中，男性89人，女性237人。调查对象的年龄为25～30岁，其承担小学国家课程均不少于2个科目，教龄都不少于3年。

（二）调查工具

根据本次调查的目的，设计了《小学全科教师职业认同感的影响因素》开放式问卷。该问卷主要包含3个问题，分别是①您是否认同目前所从事的小学全科教师这一职业？②您认为小学全科教师职业认同感的影响因素有哪些？③结合您所提到的影响因素，阐述如何提升小学全科教师职业认同感。

（三）调查程序

本次调查始于2019年9月，终于2019年12月，持续时间为3个月。在征得调查对象的同意后，以学校为单位邮寄问卷给其填答，每位被试完成问卷内容均不超过30分钟。收到纸质问卷后逐一查看填答情况，剔除少量漏答和字迹模糊的问卷，保留有效问卷对其进行编号。

（四）数据处理

此次开放式调查数据的内容分析方法与第二章第一节中对小学全科教师职业认同感结构的开放式调查相似，都包含初步建立类目、分析单元归类、计算归类者信度三个主要步骤。这次所请两位归类者也与之前开放式调查聘请的归类者相同，他们这次编码信度依次为0.93、0.91、0.90。本次内容分析的具体结果见表3-1。

三、研究结果

（一）小学全科教师职业认同感的状况

关于职业认同感状况的结果发现，回答“非常认同”和“比较认同”小学全科教师职业的共268人，人数占比82.21%，相关描述共331条；表示“不太认同”的有58人，人数占比17.79%，相关描述共141条。从表3-1可知，被调查者描述认同小学全科教师职业的内容大致分为职业角色、职业价值、职业情感和职业效能四个方面，其中职业角色、职业价值和职业效能三个方面的描述比例相当，依次为31.72%、28.70%、29.91%，而被调查者对职业情感的认同表达最少，仅占 9.67%。相反，表示“不太认同”小学全科教师职业的被调查者提及需要改善之处，集中在兴趣发展、舆论保障、培养模式、工作环境四个领域，这四个领域的描述比重比较接近，分别是 29.79%、24.11%、21.28%、24.82%。

表 3-1　小学全科教师职业认同感影响因素的内容分析结果（N=326）

题目测查范围	信度	类目	子类目及其频数		
1. 职业认同感状况	0.93	非常/比较认同	职业角色 105	职业价值 95	
			职业情感 32	职业效能 99	
		不太认同	兴趣发展 42	舆论保障 34	
			培养模式 30	工作环境 35	
2. 职业认同感影响因素	0.91	社会因素	舆论导向 95	职业地位 80	
			家庭支持 73	政策保障 40	
		个人因素	喜好追求 172	知识能力 132	人格特质 73
			教学经验 52	教龄性别 22	
		小学因素	薪酬福利 208	组织环境 75	工作负荷 60
			人际关系 55	办学条件 54	稳定假期 44
		高校因素	专业地位 31	培养模式 25	学校声誉 15
3. 职业认同感提升策略	0.90	政府部门	拓宽宣传渠道 146	保障权益待遇 124	
			明确发展路径 52	定向补充编制 26	
		教师自身	注重专业发展 58	强化自我接纳 35	优化融合教学 18
		供职小学	合理安排任务 82	实施农城换岗 67	
			规划职后培训 65	升级教学硬件 35	
		培养高校	养成专业情感 109	增加实践机会 55	完善培养方案 53

（二）小学全科教师职业认同感的影响因素

被调查者直接回答“小学全科教师职业认同感影响因素”这

一核心主题的有效描述共计 1 306 条，其中社会因素共 288 条、个人因素 451 条、小学因素 496 条、高校因素 71 条，四类因素的分布比例情况见图 3-1。由此图可知，影响小学全科教师职业认同感的因素中，供职小学因素被提及的比重最大，个人因素紧随其后，这两类因素占比超过全部因素的 70%；社会因素位居第三，培养高校的描述最少，占比仅约 5%。

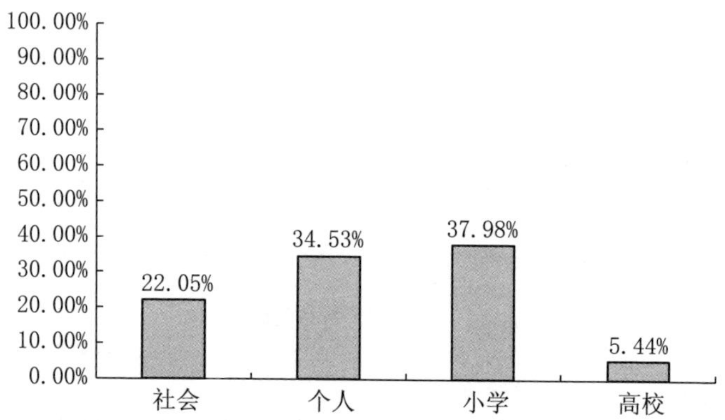

图 3-1　小学全科教师职业认同感影响因素的分布比例

分析每类影响因素的内部构成可知，各子因素被描述的次数参差不齐。小学因素中，薪酬福利这一子因素被描述得最多，占比 41.94%；其次是小学的组织环境因素，占比 15.12%；小学因素中剩余工作负荷、人际关系、办学条件、稳定假期四个子因素次数差别不大，比重依次为 12.10%、11.09%、10.89%、8.87%。个人因素包含追求喜好、知识能力、人格特质、教学经验、教龄性别五个子因素，其中追求喜好被写到的次数最多，占比 38.14%。位居第二的个人因素是知识能力，占比 29.27%；之后是人格特质，占比 16.19%，其余两个子因素约占 15%。社会因素中，舆论导向的占比最多，为 32.99%；职业地位和家庭支持两个子因素的比重两者相当，分别是 27.78%、25.35%，政策保障子因素占比 13.89%。被提及最少的高校因素中，专业地位和培养模式两个子因素被描述的次数接近，累积占比78.87%，剩余学校声誉的比重为 20.13%。

（三）小学全科教师职业认同感的提升策略

本次被调查者从政府部门、教师自身、供职小学和培养高校四个主体回答了小学全科教师职业认同感的提升策略，结果显示这四个角度分别有 348 条、111 条、249 条和 217 条，图 3-2 展示了四类策略所占的具体比例。从图 3-2 可知，参与本调查的小学全科教师希望政府部门采取的提升策略占比最多，其次是供职小学和培养高校的具体作为，两者所占比例相近；最少的是，教师本人角度的提升策略。

具体而言，被调查者希望政府部门能够着力拓宽小学全科教师的宣传渠道、保障小学全科教师的权益待遇以提升该群体的职业认同感，这两个策略分别占比 41.95%、35.63%；同时教育职能部门还可以通过明确该群体职业发展的通道和路径、定向补充更多教师的编制以提升其职业认同感，两者累积占比约 20%。结果还显示，供职小学提升小学全科教师的职业认同感需重点关注合理安排教育教学任务，尝试实施农村和城市小学教师换岗交流，科学规划在职教师系统培训三项工作，这三项措施占比相当，累积占比 85.94%；供职小学应升级教学硬件这一策略仅占了 14.06%。被调查者认为培养高校需聚焦全科师范生的专业情感养成教育以提升职业认同感，持这一看法的占比超过 50%；而增加全科师范生教育实践机会（占比 25.35%）、完善全科师范生的培养方案（占比 24.42％）也是培养高校应进一步提升其职业认同感的重要方式。此外，小学全科教师可以从注重专业内涵式发展、强化自我接纳意识、优化融合教学方法三个方面增加自身的职业认同感，三者所占比重依次是 52.25％、31.53％、16.22％。

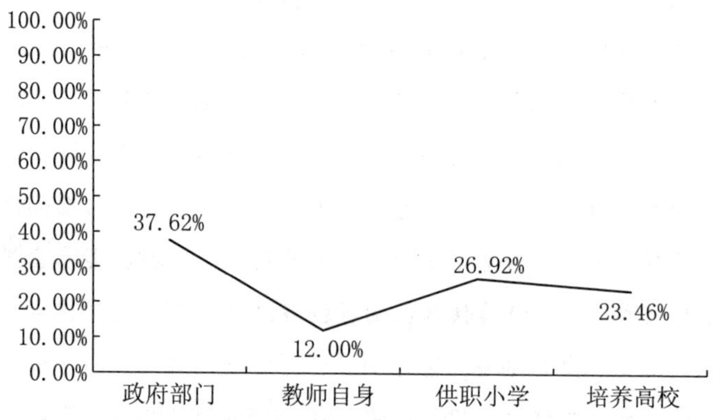

图 3-2　小学全科教师职业认同感提升策略的分布比例

四、讨论与结论

本次开放式调查结果集中在小学全科教师职业认同感的具体内容、影响因素和提升策略三个方面，为研究者了解小学全科教师职业认同感的全貌提供了新信息。接下来，将与前期开放式调查和深度访谈结果进行对比，深入剖析小学全科教师职业认同感的新特点。

（一）小学全科教师职业认同感的具体内容

本次开放式调查结果显示，共有 82.21％的小学全科教师对自己的职业持非常认同或比较认同的态度，这表明大多数小学全科教师的职业认同感水平较高。但相比本书第二章第一节调查结果中的总体认同情况略有下降，这种比例变化很可能与第一次调查样本量相对较少有关。一般而言，样本量越大，越接近总体的质量特征（张敏强，2002），故本次调查结果可能更接近小学全科教师职业认同感的实际情况。此外，总体认同感的差异也与本次调查对象所表述的方式有关，上一次开放式调查中只有“认同”和“不认同”两种回答，其中的“不认同”与本次调查中的“不太认同”在程度上有一定差异，故直接比较这两者所占比重，发现差异不足为奇。

本次调查还发现，小学全科教师职业认同感具体内容的比重也有些不同，其中最明显的特点是职业角色描述最多。职业角色认同被广泛提及，表明参与调查的小学全科教师对自身角色有清晰的认识，普遍抱有认可、肯定的正面态度。这些积极的角色认知大多源自师范生阶段高等院校对小学全科教师开展的角色定位教育的作用，比如旨在初步建立职业认同感的入学教育、专业导航，又如培养过程中的专业课程渗透、专业实践熏陶等教学工作，还有入职前夕的毕业典礼、岗前培训等活动。而且，按照埃里克森的人格发展理论，个体在青春期会完成自我同一性的建构（陈琦，刘儒德，2019），但是由于我国大学生在本科阶段并未实现经济独立，此阶段也是个体思考“我将会成为什么样的人”这一同一性问题的重要时期。职业角色认知属于自我同一性问题的一个重要方面，这一时期的引导对其未来形成稳定的职业角色认同意义颇大。

相反，本次调查中小学全科教师关于职业情感认同的表达非常少。造成被调查者较少表达职业情感的原因可能与多数中国人在表达上具有含蓄内敛的特征有关。这种对含蓄之美的推崇，集中体现在中国古代诗歌中。诗歌是中华优秀文化的典型代表，其用高度凝练的语言抒怀言志，也是古人抒情表达最直接的文学体裁。例如，描述男欢女爱之情，却借用鸟类的活动“关关雎鸠，在河之洲”加以表达。中国传统文化中诸如此类含蓄之词，不胜枚举。几千年传统文化的影响下，中国人以含蓄为审美潜流，形成了不轻易表露感情，举动及言语也比较倾向保守的心理行为模式（余秋雨，2012）。小学全科教师作为传承中华优秀文化的表率，自然在叙述自己认同职业的情感时呈现出含蓄内敛的特点，不如表达职业角色、职业价值和职业效能那么直接和丰富。

（二）影响小学全科教师职业认同感的主要因素

相比本书第二章第二节的深度访谈结果，本次开放式调查结果显示影响小学全科教师职业认同感的因素构成比重发生明显变化，即个体因素比重明显增加，高校因素比重急剧减低。此次被调查的小学全科教师更看重个体因素对其职业认同感的作用，尤其是个人的喜好追求及知识能力匹配度，这似乎表明内部动机、职业能力倾向对职业认同感的影响越来越受到被调查者的重视，教师进行职业选择时会考量个性化的内部需求。故这一结果启示高校在全科师范生的录取前应设计相应的筛选机制，选拔出那些因热爱教师行业而渴望从教的学生。与此同时，本次调查中高校因素对教师职业认同感的影响被逐渐淡化，描述量仅占5%左右。出现这样的结果，很可能与本次抽样的被试教龄长短相关。参与这次开放式调查的多数小学全科教师从教时间超过3年，毕业时间长于之前深度访谈的受访教师，他们对大学所学知识与技能的依赖程度越来越少，谈及其职业认同感时忽视高校因素，转而更关注供职小学因素和个人内部因素是符合情理的。具体而言，深度访谈和开放式调查得到的影响因素差异表现在以下四个方面。

首先，一个值得深入探讨的研究发现是小学因素中的收入待遇被提到更重要的位置。虽然两个研究都归纳出薪酬福利对小学全科教师职业认同感有作用，但本次调查结果的比重显著增加，从之前的17.28%跃升至现在的41.94%，成为供职小学对小学全科职业认同感最主要的因素。根据福勒和布朗的教师职业发展理论（王振宏，李彩娜，2011），参与两次研究的对象都处于关注生存阶段，他们把大量的时间都投入到那些与生存、适应密切相关的问题中，比如能否搞定学生、薪酬待遇高低等。所以教龄不长的小学全科教师比较看重劳动所得，薪酬福利影响其职业认同感实属正常。但是薪酬福利因素的比例变化可能是本次调查对象入职时间更长所致。随着入职时间变长，初入职时的兴奋感和新鲜感逐渐减退，小学全科教师面对的教育实际和生活现实越来越紧迫，交友、婚恋、购房、生育等生活需要都离不开经济收入的支撑，因此该群体对薪酬福利的关注自然会有所提升。

其次，个体因素中的人格特质对小学全科教师职业认同感的作用是本次开放式调查的新发现。比较有代表性的人格特质包括乐观、善良、坚毅、宽恕等，它们都属于积极心理品质，被积极心理学家称为“性格优势”（Peterson & Seligman，2004）。这一新发现可以获得之前许多研究者对人格特质相关功能的研究结果支持。比如，在众多预测主观幸福感的因素中，人格特质是最可靠、最有力的预测指标之一（Diener，Suh，Lucas，Smith，1999）。典型的人格特质如乐观/希望，已有研究表明乐观和希望都是主观幸福感，Gallagher和Lopez（2009）运用验证性因素进一步分析发现，希望更多地与实现论的幸福感有关，而乐观更多地与快乐论的幸福感有关。另一项调查结果显示，坚毅、宽恕、善良等性格优势与大学生的主观幸福感显著相关（周雅，刘翔平，2011）。因此，本研究发现小学全科教师的人格因素是其职业认同感的重要预测因子，这一结果在某种程度上也是符合情理的。

本次调查发现另一个有意思的结果是职业地位和学校声誉都会影响小学全科教师的职业认同感，这两个子因素分别归类于社会因素和高校因素。这说明这批被调查者非常在意整个社会群众对小学全科教师职业及其培养高校办学水平的评价。换句话说，小学全科教师职业在公众心中的地位，会左右被调查者对该职业的价值判断、角色期望和认可程度；培养高校经多年积累而享有的办学美誉度，会制约全科师范生人职从教的职业效能和信心。分析可知，这两个外部因素对小学全科教师职业认同感的作用，都切合班杜拉所说的“替代强化”效应，即通过观察别人的行为受到奖励或惩罚，使自己在以后类似情况下也作出这种行为或抑制这种行为（伍尔福克，2015）。因此，这一结果启示教育行政部门需采取措施以提高教师职业地位，让教师能够为自己的职业而自豪，使教师成为受羡慕的职业；也启示承担小学全科教师培养任务的高校应竭力提升办学质量和水平，赢得用人单位的广泛认可。

（三）不同主体在提升小学全科教师职业认同感中的作用

图 3-2 所示职业认同感提升策略的调查结果中，政府部门是提升小学全科教师职业认同感的主力军，其次是供职小学和培养高校，最后是小学全科教师本人。而图 3-1 中，影响因素的占比由多到少依次是小学、个人、社会和高校。对比可知，本次调查

所得提升策略的比重顺序与影响因素的占比排序存在差异。这种差异暗示在被调查者看来，教师本人可以改变的影响因素有限，多数外部影响因素都受制于教育行政部门的政策导向、社会的公众观念、供职小学的制度、培养高校的办学模式。因此，政府、小学和高校三个策略实施主体的描述占主导地位比较符合实际。接下来，将详细分析调查结果中三个主体的主要策略。

首先，政府部门在提升小学全科教师职业认同感过程中重点突出宣传舆论作用和经济保障功能。社会舆论宣传方面，被调查者认为教育职能部门应着力倡导全社会认可小学全科教师的政治地位和社会地位，以提升他们对自身职业价值和职业角色的认同。正如《关于全面深化新时代教师队伍建设改革的意见》（中发〔2018〕4号）所提，只有明确教育在国家发展中的地位，教师在教育发展中的地位，才能真正把教师队伍的建设放在重要地位。中国历来有尊师重道的传统，社会上之所以出现目前对教师的误解和扭曲现象，主要原因是市场经济对社会固有传统观念的冲击。因此，在新时期思考如何重新建立师道尊严，营造尊师重道的社会风气显得十分迫切而重要。经济保障功能方面，政府财政部门应加大资金投入，切实提高教师的待遇水平，增强教师职业的吸引力。为了扭转“请不来、留不下、待不住”的现实状况，国务院办公厅制定了《乡村教师支持计划（2015—2020年）》（国办发〔2015〕43号），其中明确指出要提高乡村教师生活待遇，统一城乡教职工编制标准，职称（职务）评聘向乡村学校倾斜。但不少参与本次调查的小学全科教师扎根在偏远乡村，不得不忍受艰苦的工作条件，现有薪资水平未能使他们感受到自身的劳动得到合理的回报。由此可见，政府部门关于改善小学全科教师的社会地位和经济保障方面还有很多工作需要跟进和落实。

其次，接受调查的教师提出供职小学应在合理安排工作任务、支持城乡教师定期换岗交流、合理规划教师职后培训三个方面下功夫，以提升小学全科教师的职业认同感。这些提升策略表明小学全科教师对职业的态度既考虑了自身当前的工作状态，也兼顾了今后自身职业素质的发展。被调查者表达学校管理者公平分配教育教学任务的需求，折射出他们在实际教育工作中遇到了一些影响其职业认同感的冲突和困难。比如，调查中有些教师描述自己承担的教学任务远远超过现存的分科教师，导致其在入职之初便承受了极大的心理压力，一定程度上损害了这些青年教师的身心健康。然而，即使存在某些比较突出的矛盾，该群体提及的农城换岗和职后培训策略都反映出其对缩小差距、提升自我学习机会的渴望，这两类策略正契合他们对自身职业效能认同的需要。

再次，调查结果中注重全科师范生专业情感的培养是高校被提及最多的策略。这里所言的师范生专业情感不仅体现为其对“专业”的认识、热爱或者是敬重，更多指的是其对教育事业的内在职业情感。小学全科教师的专业情感被如此重视，证明被调查者已经意识到教师的专业热忱、职业忠诚和教育信念等情感认同因素始终制约着教育实践工作效率和专业发展速度，进而影响小学全科教师的职业认同感水平。而且大量教育实践证明，教育情感是教师成长为教育家的必备情感特质，被视为现代教师核心素养的灵魂支柱（魏宏聚，2013；朱彤彤，张爱琴，2019）。换个角度思考，强调高校培养师范生专业情感的重要性，在某种程度上反映出部分高校培养师范生的实际教育教学工作中，不同程度地存在着偏重专业知识与技能训练，弱化甚至忽视教育情感的涵养和陶冶的弱点，迷失在“功利化”“模式化”的工具理性技术藩篱中。因此，高校培养师范生亟须超越工具理性和技能训练之局限，回归人文精神、教育情怀的建构，从而使教育拥有生命的温度和灵魂。

总而言之，通过对本次开放式调查结果进行内容分析，得到以下主要结论：影响小学全科教师职业认同感的因素源自社会、高校、小学和个体四类主体，具体包括舆论导向和职业地位等社会因素、专业地位和培养模式等高校因素、薪酬福利和组织环境等小学因素、喜好追求和知识能力等个人因素；提升小学全科教师的职业认同感的主要策略有政府部门拓宽宣传渠道、保障权益待遇，供职小学合理安排任务、实施农城换，培养高校养成专业情感、增加实践机会，教师自身注重专业发展、强化自我接纳程度等。

第二节　公众认知与小学全科教师职业认同感

上一节借助大样本的开放式调查系统探讨了影响小学全科教师职业认同感的四类因素，它们分别是社会因素、小学因素、高校因素和个人因素。诚然，部分参与调查者用文字阐述上述因素对教师职业认同感的作用，很难避免内容分析技术带来的偏差，因此这些作用是否真实存在？作用程度究竟如何？不同因素的作用程度是否有差异？诸如此类的科学问题仍需要进一步考证。接下来的四节内容将选取每类因素中的主要维度，基于大样本的量化数据初步验证这些因素对小学全科教师职业认同感的影响。

本章第二节至第五节将探究公众认知、收入水平、培养模式满意度和人格特质这四类影响因素与小学全科教师职业认同感的关系，由于这四类变量的数据是统一收集的，故将具体调查对象、测量工具和研究程序综述于此，后续章节不再赘述。调查对象方面，本次调查数据包含了第二章第四节的验证性因素分析有效数据 369 份和之后补充的网络问卷有效数据 432 份，合计 801 份有效问卷，数据收集时间跨度约为 3 个月。参与本次调查的小学全科教师的年龄介于 21～35 周岁（$M = 22.71$，$SD = 1.249$），其中男性 172 人，女性 629 人，教龄均不超过 5 年。为测量公众认知、收入水平、培养模式满意度和人格特质这四个变量，本次调查用到以下四个测量工具。首先是第二章所设计的《小学全科教师职业认同感量表》，包含 13 个主题项和 1 个效度题，分为职业角色、职业价值、职业情感和职业效能 4 个维度。该量表为李克特式 5 点评分，1～5 代表“非常不符合”至“非常符合”，总分越高代表量表作答者的职业认同感水平越高。本次调查中该量表的 Cronbach's α 系数是 0.942，其各维度的 Cronbach's α 系数分别是 0.862、0.865、0.809、0.897。其次，以 Peterson 和 Seligman（2004）开发，Duan 等人（2012）修订的中文简版《优势行动价值量表》（Values in Action Inventory of Strengths，简称 VIA-IS）中的乐观、善良、坚毅和宽容四个维度作为测量小学全科教师人格特质的工具。VIA-IS 采用李克特式 5 点计分，每项人格特质包含 4 个项目，共 16 个项目，例如“即使面对挑战，我也总对将来充满希望”“我总是愿意给他人改正错误的机会”。各项人格特质所得分数越高，说明被试在该人格特质上表现越突出。上述四项人格特质在本研究中的 Cronbach's α 系数分别是 0.895、0.866、0.920、0.870。再次，本研究在参考康书豪（2019）对农村小学全科教师人才培养模式调查项目的基础上，设计了包含 6 个项目的《师范院校人才培养模式满意度简明问卷》，该问卷包含课程设置满意度、管理制度满意度、教育教学方法满意度三个维度。问卷要求被试对这三个维度的满意程度进行李克特式 5 点评分，典型题目如："您对大学所学课程的设置情况""您对大学专业课教师的课堂教学方式方法"。该问卷的 Cronbach's α 系数是0.942。最后，本研究依据汪传艳和雷万鹏（2017）关于农村中小学教师收入调查、董新良（2012）关于中小学教师社会地位状况的调查研究成果，编制了《个人信息问卷》测查被试的收入水平和公众认知。其中，收入水平包含了实际月收入、期望月收入、应获月收入和比较月收入四个指标，公众认知涉及小学全科教师感受到自身职业的社会知名度、社会美誉度和社会地位三个指标。而且，性别、年龄这两个人口学变量也包含在该问卷中。研究程序方面，综合现场调查和网络调查两种方式，利用上述四个测量工具收集有效数据，之后使用 SPSS19.0 软件对数据进行描述性统计、差异比较、相关分析、回归分析等统计处理，具体调查结果论述见下文。

一、小学全科教师职业认同感的基本特征

（一）小学全科教师职业认同感的总体特点

表 3-2 显示了小学全科教师职业认同感及其各维度的均值、标准差、偏度系数、峰度系数、各分数段的分布比例等描述性统计结果。从偏度和峰度系数结果可以看出，数据基本符合正态分布。表 3-2 均值结果显示，小学全科教师职业认同感的平均分为

3.938，四个维度的平均分由高到低依次为职业情感4.185、职业价值4.032、职业角色3.890和职业效能3.719。职业认同感及其各维度平均分都超过3.7，说明小学全科教师对其职业处于比较认同的水平。此外，本研究中将5点计分拆成4个分数段，计算每个分数段的人数百分比。结果发现职业认同感总分的均值集中在3～4和4～5这两个分数段，累积占比接近90%；其各维度的均值也集中在这两个分数段，但累积百分比有些差异。职业效能维度的均值在3～4和4～5分数段的比例最低，仅为75.30%；职业情感维度的均值最高，该维度在这两个分数段的累积占比为90.70%；职业角色和职业价值维度均值的3～4和4～5分数段累积占比为79.90%、84.50%。职业认同感及其各维度均值在不同分数段所占比例再次表明，小学全科教师比较认同自身的职业。

表3-2　小学全科教师职业认同感的描述性统计（N=801）

	M	*SD*	*SK*	*K*	1～2	2～3	3～4	4～5
职业认同感	3.938	0.694	−0.723	1.040	1.6%	8.7%	44.9%	44.7%
职业角色	3.890	0.839	−0.697	0.516	3.4%	16.7%	42.4%	37.5%
职业价值	4.032	0.811	−0.814	0.796	2.7%	12.7%	40.3%	44.2%
职业情感	4.185	0.724	−1.006	1.585	1.2%	8.1%	37.1%	53.6%
职业效能	3.719	0.791	−0.303	0.064	3.1%	21.6%	47.1%	28.2%

（二）小学全科教师职业认同感的性别和年龄特点

1. 性别差异

小学全科教师职业认同感的性别差异检验结果见表3-3，该表显示除了职业效能维度存在显著的性别差异外，不同性别的小学全科教师在职业认同感总分及其他维度上的差异都未达到显著性水平。对比本书第一章文献综述部分所述其他研究者关于教师职业认同感性别差异的研究结果可知，本研究的这一结果更支持李春英和丛培江（2011）、蔡莉（2008）等一批研究者的调查结论。这里的主要结果似乎否定了小学全科教师职业认同感性别差异的存在，说明整体上不论是男小学全科教师，还是女小学全科教师都比较认同自己的职业角色、职业价值和职业情感。本研究发现职业认同感没有性别差异很可能与从事小学全科教师这一职业人员的职前选拔模式有关。多数省份的小学全科教师职前选拔实践中，填报“小学教育（全科教师）”或“小学教育（全科方向）”专业的考生都会与当地区县教委签订培养服务协议，并要求考生反复确认自己是否愿意从事教育教学工作，工作地点为协议定向的区县小学，具体工作学校服从区县教委的安排。也就是说，在选拔制度设计层面，区县教委已经初步考量了男生和女生未来的从教意愿，并以契约的形式将此意愿合法化（周兴平，程含蓉，2018）。而且，这些定向培养的毕业生也需要参加入职选拔考试和面试，他们的投入程度并没有因性别不同而有所区别，教委在分配学校时也再次将毕业生的选择意愿纳入考量的因素之一。因此，基于契约精神和自主选择，在职的小学全科教师对该职业的认同没有表现出性别差异是比较合理的。

另一个有意思的结果是接受本次调查的男性小学全科教师的职业效能认同度略高于女性小学全科教师，这说明男教师认为自己更能胜任小学全科教师的工作任务，表现出更多的自信心和控制感。这一结果看似与当前我国教育实践中女性教师的人数比例在小学教育阶段占优势的现实有些出入，实际上可能反映的是男性和女性在职业自信水平不同而导致的职业认同感差别。根据《中国中小学教师发展报告（2012）》，2009年城市小学阶段女教师比例最高为79.39%，农村小学女教师仅为46.11%（曾晓东，2012）。经过10年的发展，《中国农村教育发展报告2019》显示乡村教师队伍建设成效明显，但随着特岗教师计划的推进，乡村教师队伍女性化的特点日益凸显（姚岩，2018）。虽然小学阶段女性教师的数量持续增加，给大众留下了小学教师队伍"阴盛阳衰"的印象，但农村小学教师性别结构的女性化有着深刻的社会原因（武晓伟，郑新蓉，2015），而非个体内部认知评价所致，并没有对男性教师或男性师范生对自身职业效能的评估带来直接影响。比如，一项关于291名师范生的调查结果提示，他们对未来职业效能的感知不存在显著的性别差异（张晓辉，赵宏玉，李庆安，姚梅林，2017）。又如，周珂（2010）对中学体育教师职业认同的研究表明，不同性别中学体育教师在能力认同上没有显著差异。相反，男性小学全科教师在面临多学科融合教学这种高难度的任务，战胜农村艰苦的教学环境、物质条件带来的恐惧和悲观等负面情绪困扰，解决教学工作地点偏远导致的婚恋难题时可能更具优势。

表3-3　小学全科教师职业认同感的性别差异和年龄相关分析（N=801）

	男		女		t	与年龄的相关系数 r
	M	SD	M	SD		
职业认同感	3.962	0.846	3.930	0.647	0.462	−0.114**
职业角色	3.928	0.972	3.878	0.800	0.617	−0.121**
职业价值	3.965	0.941	4.048	0.771	−1.065	−0.119**
职业情感	4.130	0.888	4.199	0.671	−0.943	−0.102**
职业效能	3.860	0.887	3.680	0.758	2.442*	−0.066

2. 年龄特点

小学全科教师职业认同感及其各维度与年龄的相关分析结果如表 3-3 所示。结果显示，小学全科教师职业认同感与其年龄之间呈现显著的负相关关系，与年龄的这种负相关关系也出现在职业角色、职业价值和职业情感三个维度中，而职业效能维度与年龄之间的相关不显著。这种负相关关系说明年龄越大的小学全科教师，体验到自身职业的认同感受就越少，但不影响其对职业效能的认同。究其原因，大体源自小学全科教师刚毕业时往往对未来工作充满美好的向往和期待，随着年龄的不断增长，他们的教育教学经验逐渐丰盈，越来越认同自己的职业能力。同时，他们对小学教师工作方方面面的认知也越来越接近现实，从教的理想初心与农村小学教育现实之间的较大差距日益凸显，那些较大的反差导致了小学全科教师职业认同感有所下降。而且，随着工作年限的持续延长，大约在 6 年之后，小学教师将步入职业倦怠比较严重的时期（胡洪强，刘丽书，陈旭远，2015；赵新亮，2019），情感耗竭、低成就感等表现也会引发小学教师职业认同感降低的现象。

二、小学全科教师职业的公众认知状况

本次调查中，以小学全科教师感受到公众对该职业的认知状况为测量视角，其描述性统计结果见表 3-4。表 3-4 中峰度和偏度系数介于 − 0.158～0.696，提示本次调查数据基本符合正态分布。该表中公众认知由社会知名度、社会美誉度和社会地位三个指标衡量，这三个指标的平均分都接近 3 分，表明小学全科教师认为这一职业的社会知名度、社会美誉度和社会地位整体上处于中等水平。在此基础上，图 3-3 分别展示了公众认知的上述三个

指标为1、2、3、4、5分的百分比。结果显示，社会知名度、社会美誉度、社会地位三个指标2分和3分的累积占比是71%、74.1%和75.7%。这些分布比例也说明与全社会的其他职业相比，小学全科教师认为公众对该职业的知名度、美誉度和所处位置的看法都处于中间等级。

表3-4　小学全科教师职业公众认知状况的描述性统计（N=801）

	M	*SD*	*SK*	*K*	1	2	3	4	5
社会知名度	2.930	0.875	−0.032	−0.109	4.9%	24.3%	46.7%	21.1%	3.0%
社会美誉度	2.930	0.855	0.139	0.045	3.6%	25.5%	48.6%	18.6%	3.7%
社会地位	2.990	0.762	−0.158	0.696	3.4%	17.1%	58.6%	18.9%	2.1%

根据马克斯·韦伯的社会分层理论，衡量教师职业在社会中的地位，可以依据三重标准，即财富—经济标准、权力—政治标准、声望—社会标准（甫玉龙，刘杰，鲁文静，2015）。本研究从社会标准的视角考察小学全科教师职业的地位。结果发现小学全科教师的公众认知水平并不高，这一结果比较符合本书前期在开放式调查中发现小学全科教师非常期望社会认可，以及深度访谈所获影响因素之一舆论氛围的结果，而且该研究结果与前人对小学教师群体社会地位的调查结果相似。比如相关性最高的是魏显勇，胡浩和王京莉（2019）关于重庆市首届小学全科教师职业认同感状况的调查，结果显示很多接受调查的老师认为小学全科教师面临的主要发展瓶颈之一是“社会认可度有待提高”。全国性的教师社会地位研究结果，如一项关于9省20县（区）义务教育阶段教师的调查数据显示，我国义务教育教师主观社会地位的整体水平较低，其中26.4%的义务教育教师认为自己的社会地

位在当地处于下等，41％的义务教育教师认为自己的社会地位在当地属于中下等（李维，秦玉友，白颖颖，2019）。某一省份或学科小学教师群体的社会地位研究结果，像董新良（2012）对山西省中小学教师群体社会地位状况的调查结果发现这些教师对目前的社会地位状况满意度并不高，而且存在一定的内部分化现象。

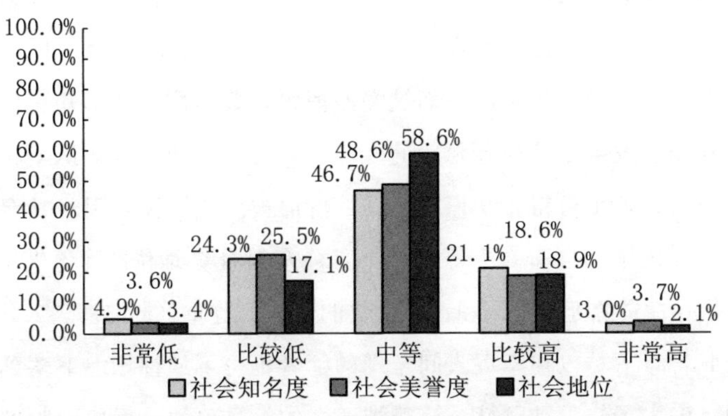

图 3-3 小学全科教师职业公众认知状况的分布比例

（一）教师职业公众认知状况的历史比较

纵向比较而言，本研究结果说明相比中国传统社会中人们对教师职业的认知评价，当今公众认知状况某种程度上折射了小学教师地位的大幅滑坡。导致这种滑坡的主要原因可能是现代社会中信息技术的高速发展，改变了人们获取知识方式以及知识工具性价值的评估。在中国历史上，教师历经“长者（智者）→巫师→官吏、神甫→现代意义的教师”的演进路径。古代社会中知识是社会上层长期垄断的产物，少部分贵族子弟生成、获取、习得的特权，这部分人群垄断了社会话语解释权，导致了知识的神秘性和阶层性（周兆海，邬志辉，2018）。因为知识的神秘性和阶层性，能够开展知识教学的教师本身即存在社会地位的优势，其开展教学过程中也有绝对的话语解释权，其权威性不可也不容置疑，有着“不怒自威”的职业底色。开展知识性教学是教师参与古代社会分工的核心依据，因此当时教师所拥有知识的稀缺性程度决定其社会地位，加上层级化社会结构体系、森严的礼制规约和教化名望巩固了古代教师的崇高地位，乃至提升至“天地君亲师”的伦理高度（周兆海，2018）。相反，现代社会中网络非常发达，知识神秘化的一面被慢慢消弭，普通群众获得知识的方式和途径发生了疾风骤雨般的变化，各行各业的基本知识变得普及开放、唾手可得，知识的工具性价值被淡化。况且现代社会制度倡导民主、自由、平等、公平，公众对社会地位的评价转变成对生存性资源处于支配和占有优势的个体的尊重（周兆海，2019）。在此背景下，以往掌握人间至理的师者不得不从神坛上下落到人间，失去了知识神秘性、道德神圣性的符号象征，现代教师的社会地位骤然下降，而且极端污名化事件的发生进一步消解了公众尊师的社会氛围。故本次调查显示小学全科教师感知到的社会地位不高是符合当前社会现实的结果。当然，小学全科教师职业本身的特点也可以为社会知名度和美誉度不高这一研究结果做一定的注解。相比那些存在久远的职业，小学全科教师毕竟是新兴事物，该职业在其服务的农村地区享有一定的知名度和美誉度，但在公众聚集、分科教师广布的城市地区却鲜为人知，美誉度也不是很高是目前该职业面临的现实状况。

（二）教师职业公众认知状况的跨国比较

横向对比可知，与小学全科教师社会地位不高这一结果相反，优先发展基础教育，重视提高小学教师的社会地位，是不少国家迅速崛起的关键因素之一。例如，日本教育行政部门认为各级教师中以小学教员为最要最急，因国民教育之根基，皆由其所创造，为立国之精神所在。又如，欧洲普鲁士将帅毛奇认为普法战争中德国战胜法国，全国小学教师应得首功；波兰也将其近代的复兴，归功于广大小学教师。而近代我国仅有像陶行知、胡适这样的部分教育家竭力呼吁重视小学教育和小学教师，以实现“教育救国”理想（侯明喜，曾崇碧，2007），各级政府部门并无暇顾及教师群体，更谈不上对其社会地位给予足够的重视。虽然 1949 年后小学教师职业不再深受战争影响而风雨飘摇，改革开放后小学教师的权益得以基本保障，但公众对该职业的认知评价在很长一段时间内都处于整个职业系统的末端。一直以来实施的城乡二元体制使得城乡地区出现明确的等级划分，最低一级是农村，所有与“农”挂钩的不管是人还是物都位于社会末端，而广大农村教师——如公众眼中的小学全科教师就位于这样的尴尬位置。这种从中央到地方再到农村的等级观念使得社会大众有这样一种感觉，即城里人比起农村人来更具优越感，进而对农村教师产生一定的歧视（杨既福，2017）。

三、小学全科教师公众认知与职业认同感的关系

（一）公众认知与职业认同感的相关分析结果

本研究对公众认知的各指标与职业认同感及其各维度进行相关分析，各变量之间的皮尔逊积差相关系数见表 3-5。该表中，小学全科教师的职业认同感与社会知名度、社会美誉度和社会地位之间都存在显著的正相关，而且职业角色、职业价值、职

业情感和职业效能四个维度也与这三个指标相关显著。结果说明随着小学全科教师这一职业的社会知名度、美誉度和地位的提高，该群体会越认同自身的职业，认可教师职业的深刻价值和期望角色，饱含积极正面的职业情感，展现较高水平的职业效能。

表 3-5 小学全科教师职业认同感与公众认知的相关分析（N=801）

	职业认同感	职业角色	职业价值	职业情感	职业效能
社会知名度	0.209**	0.210**	0.166**	0.173**	0.183**
社会美誉度	0.231**	0.228**	0.185**	0.181**	0.212**
社会地位	0.232**	0.237**	0.181**	0.189**	0.207**

（二）公众认知对职业认同感的阶层回归分析结果

考虑到前文统计结果发现年龄和性别两个人口学变量对小学全科教师职业认同感的作用，故在控制了性别和年龄变量带来的变异后，进一步以公众认知的三个指标为第二层自变量，对其职业认同感进行阶层回归分析，具体结果见表 3-6。该表中回归模型阶层 1 显示在没有纳入社会知名度、社会美誉度、社会地位三个变量前，年龄和性别共同解释了因变量职业认同感的 1.4%；阶层 2 中纳入了公众认知的三个指标，这三者解释的变异量增加了 6.3%。F 值改变量达到 17.977，且达到极其显著的水平，说明三个指标中至少有一个回归系数显著。表 3-6 中仅社会美誉度的回归系数达到显著性水平，即该指标能正向预测小学全科教师的职业认同感，表明小学全科教师这一职业被社会公众信任、好感、接纳和欢迎的程度会正向影响该群体对自身职业的认同感。

表 3-6 小学全科教师公众认知对职业认同感的阶层回归分析（N=801）

预测变量	职业认同感			
	阶层 1		阶层 2	
	β	t	β	t
性别	−0.025	−0.703	−0.028	−0.830
年龄	−0.114	−3.248**	−0.104	−2.982**
社会知名度			0.034	0.667
社会美誉度			0.146	2.810**
社会地位			0.099	1.942
F		5.463**		13.111***
R^2		0.014		0.076
ΔF		5.463**		17.977***
ΔR^2		0.014		0.063

总体而言，本研究数据支持公众认知与小学全科教师职业认同感之间一定程度的正相关，公众认知中的社会美誉度能够正向预测小学全科教师的职业认同感水平。公众认知能影响教师职业认同感的结果也出现在崔丽丽，张志勇和李静（2017）对中学体育教师的研究中，数据分析结果表明中学体育教师的专业认同与社会地位知觉之间呈现出显著的正相关。同样是关注体育教师，该团队所做另一项以高校体育教师为研究对象的研究发现，其社会地位处境与由职业延伸出的阶层认同是匹配的（崔丽丽，张志勇，李静，高虹，牛晓，2017）。

本研究结果为师范高校招收优秀高中毕业生选择小学教育（全科方向）时着力做好政策宣传工作提供了直接的证据。一般而言，高中毕业生选择专业时除了考量学校整体办学实力外，比较看重的就是专业本身的公众认知、办学质量、就业状况（周春娟，2015）。其中公众认知状况主要涉及普通群众对该专业的熟悉度、赞誉度和职业地位感知，尤其是身边父母、亲戚朋友、中小学教师对小学教育（全科方向）专业的看法和评价，往往会影响高中毕业生的专业选择结果（唐玉生，2020），以及该群体入校后的专业认同感。

与此同时，公众认知与小学全科教师职业认同感之间的正相关关系启示，可通过提升该职业的知名度、美誉度和社会地位，以促使其对自己所从事的教师职业抱有认可、青睐、偏好的态度。因此，这一结果也可以被看作国家层面要求全社会要大力弘扬“尊师重教”良好氛围的部分理论支撑。《国务院关于加强教师队伍建设的意见》（国发〔2012〕41 号）中明确指出：“教师是教育事业发展的基础，是提高教育质量、办好人民满意教育的关键。”该文件还明确提出，要加强教师队伍尤其是农村教师队伍建设，通过加大政策倾斜力度，在 2020 年真正实现“教师收入和社会地位提高，教师职业具备真正的吸引力”这一目标。这一文件反映出办人民满意的教育正是我国教育工作的重要价值导向，人民群众的认知评价是衡量教师教育教学工作效果的关键指标。2016 年 9 月教师节前夕，习近平到北京市八一学校看望慰问师生，发表的讲话中强调：“各级党委和政府要满腔热情关心教师，让广大教师安心从教、热心从教、舒心从教、静心从教，让广大教师在岗位上有幸福感、事业上有成就感、社会上有荣誉感，让教师成为让人羡慕的职业。”这一重要论述，是习近平继 2014 年教师节在北京师范大学发表重要讲话提出“使教师成为最受社会尊重的职业”后，对教师职业社会地位新的诠释定位。2018 年 9 月 10 日全国教育大会在北京召开，习近平在会上号召全党全社会要弘扬“尊师重教”的社会风尚，努力提高教师政治地位、社会地位、职业地位，让广大教师享有应有的社会声望。这是公众认知中的教师地位指标被国家领导人正式、公开、直接地陈述。在全社会共同营造如此捍卫“师道尊严”的舆论氛围下，利于滋养小学全科教师的职业认同感。根据群际认知的自我归类理论，认同自己的小学全科教师身份，在职业认同感产生、生长的过程中主动向公众期待的良好小学全科教师形象靠拢，帮助其职业规范的自觉内化（朱晓伟，周宗奎，谢和平，褚晓伟，2019）。该群体将社会公认的教师形象、规范行为加诸自身，其所肩负引导农村儿童成长成才的巨大价值更易为社会公众所熟知、认可、赞誉，反过来推动公众更加全面地了解小学全科教师的职业角色，形成更加适合的职业期待。

第三节　收入水平与小学全科教师职业认同感

在所有的教育要素中，师资问题是影响义务教育均衡发展的根本性问题，而教师的收入则是影响中小学师资均衡配置的关键因素之一。习近平在 2018 年全国教育大会上要求：“做老师就要执着于教书育人，有热爱教育的定力、淡泊名利的坚守。随着办学条件不断改善，教育投入要更多向教师倾斜，不断提高教师待遇，让广大教师安心从教、热心从教。”这说明教师群体的收入待遇问题得到了国家领导人层面的关注，各级政府部门也高度重视义务教育阶段教师工资待遇的保障工作。

近年来，工资待遇是我国政府部门加强乡村教师队伍建设的重要政策工具。《关于义务教育学校实施绩效工资指导意见的通知》(国办发〔2008〕133号)提出，自2009年1月1日起，义务教育阶段教师按国家规定执行事业单位岗位绩效工资政策。根据这一政策文件，小学教师岗位绩效工资由岗位工资、薪级工资、绩效工资和津贴补贴四部分组成。其中，岗位工资和薪级工资为基本工资，执行国家统一的政策和标准；绩效工资则体现教师的实绩和贡献，70%由县级以上人民政府人事、财政、教育部门确定，30%由学校确定分配方式。绩效工资政策实施已经十余年，这一政策旨在保障教师工资待遇，提高分配标准的合理性以及工资激励效果。那么其预期目标是否实现？有研究表明工资待遇的改善，使部分地区乡村教师工资已明显高于城镇教师，显著提升了乡村教师的获得感和幸福感（王炳明，2017）。但是，在工资待遇和工作环境明显改善的同时，当前乡村教师队伍仍然面临着骨干教师流失、岗位吸引力不足等问题。这提示收入分配方式和水平的改变对农村教师能否起到“下得去、留得住、教得好”的实际作用有待进一步考察。如本书第一章所述，之前的研究者通过问卷调查初步探讨了收入对中小学教师群体职业认同感的作用。部分研究得到了“收入越高，越认同自身职业”的调查结论，比如蹇世琼（2017）对西部地区特岗教师职业认同的现状调查发现特岗教师对职业收入的满意程度对职业认同水平有显著影响，并且具有一定的预测力。然而，其他一些研究否定了收入对教师职业认同感存在影响，如杨春艳（2013）对长沙市城区12所城市小学教师的调查结果表明，不同月收入水平的城市小学教师职业认同感不存在显著性差异。另一项对西藏205名小学教师职业认同的调查结果显示，月收入状况不同并没有致使该地区小学教师职业认同感存在显著差异（张新娟，黄家群，马慧芳，马海林，2015）。由此可见，以往研究者关于收入对教师职业认同感的作用并未达成共识。

小学全科教师这一群体，主要服务于乡村基础教育事业，其职业认同感是制约该群体能否坚守自己的岗位、在岗位上兢兢业业工作的重要指标之一。因此，小学全科教师的收入水平是否会影响其职业认同感值得深入研究，这可以为检验绩效工资政策的实施效果提供一些现实证据。根据亚当斯的公平理论，收入分配的合理性和公平性对教师的工作积极性和工作态度会产生重要的影响（周浩，龙立荣，2007），教师不仅关心自己绝对收入的多少和相对收入的多少，而且关心自己期望收入和应获收入的情况。为了更全面地了解小学全科教师职业收入与其职业认同感的关系，解释教师职业认同感的“收入之谜”，本书从绝对收入、相对收入、期望收入和应获收入四个角度，分别考察了不同指标收入对小学全科教师职业认同感及其各维度的作用。

一、小学全科教师职业收入的基本情况

（一）小学全科教师职业收入的总体特点

小学全科教师职业收入的平均值、标准差、偏度、峰度和百分比等描述性统计结果见表3-7。职业收入分为绝对收入、相对收入、期望收入和应获收入四个指标，分别反映了小学全科教师的实际所得月收入，与其他职业比较的收入等级、内心希望获得的理想收入、权衡行为付出的应获收入。该表中四类收入的峰度和偏度系数介于－0.158～0.696，提示本次调查数据基本符合正态分布。

表 3-7 小学全科教师职业收入的描述性统计（N=801）

	M	*SD*	*SK*	*K*	1	2	3	4	5
绝对收入	1.362	0.540	1.235	1.096	66.5%	31.0%	2.2%	0.2%	
相对收入	2.933	0.950	0.012	−0.100	7.0%	22.5%	46.1%	19.2%	5.2%
期望收入	2.978	0.741	−0.001	−1.082	0.2%	27.8%	45.8%	26.1%	
应获收入	2.710	0.710	0.272	−0.670	1.2%	40.1%	45.1%	13.6%	

注：绝对收入、期望收入和应获收入对应的 1 代表 3 000 元以下，2 代表 3 000～6 000 元，3 代表 6 000～9 000 元，4 代表 9 000 元以上；相对收入对应的 1～5 分别代表非常低、比较低、中等、比较高、非常高。

1. 小学全科教师绝对收入的状况

表 3-7 的结果显示，超过六成小学全科教师的实际所获月收入低于 3 000 元，另有三成以上小学全科教师的实际月收入介于 3 000 至 6 000 元之间。该群体中绝对收入 6 000 元以下的共占比 97.5%，表明小学全科教师所获得的绝对收入整体水平比较低。这一结果与其他学者关于中小学教师收入状况的调查结果一致。例如绩效工资实施初期，某研究团队基于中部四省部分县（区）1906 位义务教育阶段教师绩效工资的调查表明，年工资收入 30 000元以下的教师占比为 80.5%，说明欠发达地区义务教育教师的绩效工资整体偏低，尤其是农村小学教师的津贴太少（付卫东，曾新，2010；范先佐，付卫东，2011）。近期，秦玉友，曾文婧和许怀雪（2019）对 12 个省义务教育教师绩效工资实施状况的调查显示，目前总体上教师的平均月收入为 3 830.87 元，其中东部地区教师平均月收入达到 5 350.54 元，西部地区教师平均月收入为 3 480.06 元，而中部地区教师平均月收入仅为 2 900.65元。因此，本次调查结果所得小学全科教师的绝对收入水平偏低的结论比较符合教育现实。

而且，如果扎根农村的小学全科教师长期忍受如此低的绝对收入，难以满足基本的生活需要（如养育子女和赡养父母等），不仅不能发挥很好的激励作用，还会对其续职意愿、工作满意度和职业幸福感带来一定的负面影响。正如王艳玲，吕游和杨菁（2017）对西南地区乡村教师流动及流失意愿的调查显示，“工资待遇与工作负担”是排名第二的影响因素。同样，安晓敏和曹学敏（2017）针对全国东中西部12省（市）24县义务教育阶段教师进行的实地调研结果，也证实了工资待遇是影响教师流动意愿的重要因素。另一项关于北京市某区723位小学教师的调查显示，对这些教师的物质和精神激励与其工作满意度之间存在显著的正相关关系（成刚，于文珊，邓蜜，2019）。还有学者梳理出小学教师职业幸福感的影响因素，其中收入是难以回避的保健性因素之一，过低的收入待遇使得教师难以体验到从教带来的心理幸福感（张金，2019）。

2. 小学全科教师相对收入的状况

事实上，小学教师对自身收入的感知除了关注绝对数量，还取决于一个社会比较过程，即他们还会关心自己相对收入的多少。表3-7中相对收入的结果表明，与其他职业的收入相比，共有29.5％的被调查者认为小学全科教师职业收入非常低或比较低；相反，另有24.40％的被调查者表示其职业收入比较高或非常高；但更多被调查者认为该职业所获收入处于中等水平，占比46.1％。这些数据说明接受调查的小学全科教师认为当前自身的收入在全社会的职业序列中处于中间偏下层。本调查所得小学全科教师的相对收入水平比较符合研究者的预期，也与其他研究者的调查结果比较相似。例如，杜屏和谢瑶（2019）

分析2016年辽宁、云南、贵州、重庆和广西五省市（自治区）五个县的问卷调查数据发现，农村中小学教师平均工资低于同期全国、西部地区城镇单位就业人员平均工资，非常缺乏外部竞争力。还有一些研究发现近三十年来，我国教师的平均工资在国民经济各行业中长期处于中等偏下的水平，中小学教师工资水平不仅低于公务员工资水平，也低于学历相当的其他行业工资水平（安雪慧，2014；薛海平，唐一鹏，2017）。可见，《义务教育法》规定的“教师的平均工资水平应当不低于当地公务员的平均工资水平”尚未实现。不仅如此，对比其他国家的中小学教师的绝对收入情况，我国义务教育阶段教师的工资与人均GNP的比值远低于英国、美国、法国、芬兰、德国等发达国家（王强，2017；蔡永红，李燕丽，2019），比印度、南非、韩国等国家相应学段教师的工资水平都要低得多（曲恒昌，曾晓东，2011）。

由此看来，与其他职业相比，小学全科教师的收入水平的确比较低。出现这种现象很可能由于部分地区义务教育教师绩效工资政策的执行存在一定的偏差所致。叶怀凡（2016）总结出上述绩效工资政策在执行过程中，不同程度地存在“不求神似、只求形似”的象征性执行、“敷衍塞责、机械复制”的照搬性执行、“断章取义、为我所用”的选择性执行、“上有政策、下有对策”的替代性执行等异化现象。此外，胡耀宗和严凌燕（2017）基于沪皖豫三省市教师和校长的抽样调查，发现绩效工资政策执行存在县域教师与公务员工资出现新的差距、学校层面绩效考核工作异化、绩效工资政策激励目标空传等主要问题。正是由于这些执行问题的存在，导致绩效工资政策实施之后并没有完全实现最初预期的良好效果。虽然小学教师的绝对收入比未实施绩效工资之前有所增加，但研究者对29省份教育局局长和督学的调查结果显示，教师与公务员的收入差距继续扩大，导致相对收入对教师群体的激励效果不佳（姚翔，刘亚荣，2018）。

3. 小学全科教师期望收入的状况

除了收入的绝对值和相对值，来自职业的公平感还取决于自身的期望值。如果实际得到的报酬等于预期得到的报酬，教师就会感到比较公平；如果实际得到的报酬小于预期得到的报酬，教师就会感到不公平。本次调查关于小学全科教师期望收入的结果中，有45.8%的教师期望自身的月收入在6 000元至9 000元之间，而且有26.1%的教师希望月收入能够高于9 000元，即共有71.9%的教师的期望收入超过6 000元。这些数据表明，多数小学全科教师希望自己能获得中等程度的收入水平。另有27.8%的小学全科教师期待月收入为3 000至6 000元，所以共有99.7%的小学全科教师期望收入能高于3 000元。而对比本次调查结果中该群体实际所获的绝对收入水平（实际收入6 000元以下的共占比97.5%），不难看出小学全科教师的期望收入与实际收入之间存在的巨大差距。这种差距在另一项针对中小学教师的调查中也存在，该调查结果显示教师工资基本能够按时发放，但总体经济收入水平低于期望收入，教师对目前的收入总体满意度不高，而且不同类型教师之间的收入存在一定的不平衡现象（董新良，2012）。

期望与现实的差距很可能导致不公平感在教师群体中广泛存在，而且易出现不满感、挫折感、义愤感等心理问题。导致这种差距的原因大致有收入政策和教师本身两个方面。一是绩效工资政策的实施效果未能完全达到初衷，由于绩效工资本身具有复杂性，在实行时易受到地区财政状况、学校组织特征的影响，导致大部分一线小学全科教师获得的实际收入偏低。二是多数小学全科教师的学历层次比目前在农村从事教育教学工作的其他教师高，他们期望的工作收入也有所提高。近五年来，从事小学全科教师职业的人员都具备大学本科学历，相比之前高中、专科学历的农村教师，该群体的专业知识更扎实，能力素质更综合。因此，小学全科教师较高的自我认知评价，期待较高的工资报酬不足为奇。

4. 小学全科教师应获收入的状况

个体在衡量自己的工资水平时，还会思考自身的收入与付出是否对等。这次调查结果中，在考量教育教学工作的实际付出情况下，共有85.2%的小学全科教师认为自己应该获得的月收入介于3 000至9 000元之间，而支持该职业应获月收入3 000元以下的仅有1.2%，赞同应得月收入9 000元以上的为13.6%。这表明，接受本调查的小学全科教师认为自己应获的收入水平与期望的收入水平比较一致，远超于目前所得到的实际收入。在学校体系中，当教师个人认为自己的收入与付出相等时，便会感到受到了公平的待遇，故心理平衡、舒畅，工作积极性也比较高。如果认为收入小于付出时，便会感到自己受到了不公平的待遇，产生怨恨情绪，进而影响其对待教学工作的态度以及教学行为（毕妍，蔡永红，王莉，2016）。

综上所述，小学全科教师的收入呈现出绝对收入较低，相对收入水平中下，期望收入、应获收入都与实际收入严重不匹配的特点，详见图3-4。其工资收入水平不仅影响优秀的高中毕业生能否被吸引到教师岗位，还会影响在岗的小学全科教师是否继续留任在教师行业。简言之，收入在一定程度上会影响到农村小学教师队伍的供给和稳定性。因此，这些特点启示绩效工资政策执行的主体亟须做到教师薪酬管理过程的改进，构建规则合理、公开透明的绩效工资发放体系，真正发挥绩效工资应有的作用。具体的实施建议见第四章相应描述。

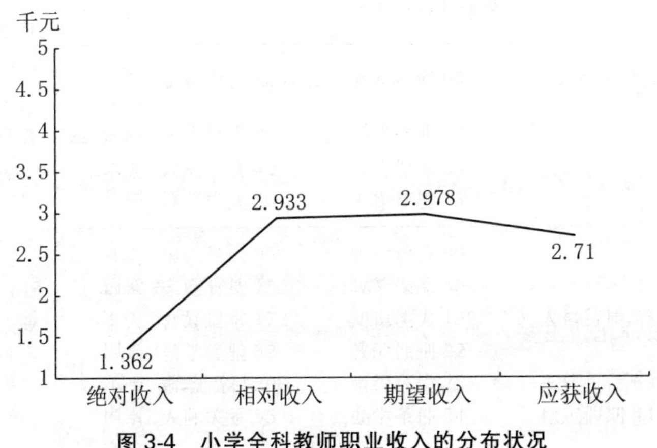

图 3-4　小学全科教师职业收入的分布状况

（二）小学全科教师职业收入的性别和年龄特点

1. 职业收入的性别特点

表 3-8 展示了小学全科教师职业收入的性别差异 t 检验结果。差异分析结果发现，相对收入、期望收入和应获收入三个指标都存在显著的性别差异，但绝对收入的性别差异不显著。其一，不同性别小学全科教师的期望收入存在显著性差异，即男性小学全科教师比女性小学全科教师期望获得更高的收入。其二，不同性别小学全科教师的相对收入差异也达到了显著水

平，即相比女性教师，被调查的男性教师认为其职业的相对收入更高。其三，应获收入的性别差异意味着男性小学全科教师主张其应该获得的职业收入高于女性小学全科教师所表达的应获收入水平。

这些结果中，绝对收入没有显著的性别差异是符合社会现实的，教师工资的发放并不会直接受到性别的影响，这符合《中华人民共和国劳动法》第四十六条规定：工资分配应当遵循按劳分配原则，实行“同工同酬”。也就是说，技术和劳动熟练程度相同的劳动者在从事同种工作时，不分性别、年龄、民族、阶级等差别，只要提供相同的劳动量，就获得相同的劳动报酬。男性在相对收入、期望收入和应获收入三个指标上都高于女性，究其原因可能是男性教师的消费需求相对更高。在中国社会文化背景下，这些处于青年期的男性小学全科教师在社会交往中常常比女性教师花费更多，而且男性教师还需要承担结婚买房等一系列经济开销。这也可能与我国传统文化中“家庭本位”以及“男主外、女主内”等观念有关（夏茂林，王宁宁，2015）。在上述观念的影响下，男性更多地注重经济收入和事业成功，女性则被赋予照顾家人的角色期待。

2. 职业收入的年龄特点

小学全科教师职业收入与年龄之间的斯皮尔曼等级相关结果见表3-8的右侧部分。结果中，绝对收入这一指标与小学全科教师的年龄呈现出显著的正相关关系，而相对收入与其年龄则为显著负相关关系，这说明随着小学全科教师年龄的增加，其绝对收入越来越高，而感知到的相对收入则越来越低。这一结果比较客观地反映了当前教师收入的现实状况。一项关于义务教育教师绩效工资实施状况的调查结果显示，中小学教师的月收入总额、绩效收入额与其教龄之间都存在显著的正相关关系（秦玉友，曾文婧，许怀雪，2019）。事实上，小学全科教师年龄增加就意味着教龄的变长，长期的一线实践能帮助这些青年教师逐渐提升教学能力，并积累丰富的教学经验，取得良好的教学效果。由此，该群体所获得的实际绩效工资会明显增长。有趣的是相对收入的变化特点恰好相反，即小学全科教师认为自己的相对收入随着年龄的增长而降低。分析造成这种反差的原因，可能是虽然近年来我国经济高速发展，但小学教师这一职业的工资收入增速远不如其他行业。例如，研究者采用面板数据的方法构建了行业收入差距模型，该模型认为导致我国行业收入差距的重要因素之一是行业垄断，而劳动者的收入更多地取决于其行业的特点而非劳动生产率（李军，宋善炎，2015）。影响教师收入的主要因素便是教育行业的特点，即依赖国家和地方财政的直接支持，故出现工资增速跟不上其他新兴行业也是符合现实的。此外，结果还显示期望收入、应获收入与年龄之间的相关系数不显著。这提示不论初入职还是工作了较长时间的小学全科教师，都希望或理应获得同等水平的收入。

表 3-8　小学全科教师职业收入的性别差异和年龄相关分析（N=801）

	男		女		t	与年龄的相关系数 ρ
	M	SD	M	SD		
绝对收入	1.42	0.630	1.35	0.511	1.468	0.343**
相对收入	3.09	1.041	2.89	0.920	2.508*	−0.379**
期望收入	3.27	0.748	2.90	0.719	5.890***	0.006
应获收入	2.83	0.795	2.68	0.681	2.441*	0.057

二、收入与小学全科教师职业认同感的关系

（一）收入与小学全科教师职业认同感的相关分析

接下来对收入和职业认同感及其各维度进行相关分析，所得斯皮尔曼等级系数 ρ 值见表 3-9。结果显示，仅有绝对收入、应获收入与小学全科教师的职业效能维度之间存在低程度的显著相关，而小学全科教师职业认同感及其他维度均与收入相关不显著。这些等级相关结果说明，小学全科教师的职业认同感与其收入水平之间并不存在必然的关系，也为收入不影响教师职业认同感这一规律提供了来自新群体的证据。根据本书第一章文献综述部分可知，研究者们关于“收入是否对教师职业认同感存在影响”这一命题看法的莫衷一是。肯定收入作用的研究如隗媛媛（2015）对贵州省小学教师的调查发现，该群体职业认同水平总体较高，收入水平是影响教师职业认同水平的主要因素之一；邓长莉（2018）也认为导致农村小学教师职业认同水平不高的因素包括这些教师的福利待遇低。然而，也有研究者认为教师职业有其特殊性，教书育人是其神圣职责，简单采用“经济人”“理性人”假设解释教师职业认同感有失偏颇（赵新亮，2019）。一例典型个案分析研究发现，仅仅依靠丰富的物质已经难以留住新生代乡村教师，情感需求的满足、自我价值的实现和教育理念的契合等都是影响他们工作认同的重要因素（刘胜男，赵新亮，2017）。长期以来，农村小学教师忍受尊重的需要、归属与爱的需要、自我实现的需要得不到满足，面对工作负荷重、工作区位偏等劣势，成为逐渐消磨教师职业认同感的主要因素。

本次调查数据似乎更支持第二种观点，即收入状况并不能直

接影响小学全科教师的职业认同感。这一结果超出了研究者的预期，与前期的开放式调查、深度访谈的结果不同，可能是几次调查的样本量差异所致，也可能是因为教师收入与职业认同感这两个变量间的关系本就复杂，不是简单的线性关系。两者的关系比较类似于收入对居民幸福感的作用，就像收入拐点论认为收入与幸福感之间的关系存在一个拐点，当收入低于这个拐点时，收入的增加伴随着幸福感的增加；但当收入高于这个拐点时，即使收入增加，幸福感也是停滞的，甚至下降（朱建芳，杨晓兰，2009；邹红兵，2011）。因此，本书倾向于认为职业认同感是可以伴随着收入的增长而提升的，只不过两者不是直线关系，而可能是一种曲线关系，即当收入增长到一定程度时，其对认同感的提升作用相对减小。如前所述，参与本次调查的小学全科教师都是定向培养，在入职之前就对今后的就业地区经济发展水平、教师收入情况有一定的了解，经过慎重的认知评估之后才签订了就业定向合同。所以该群体选择教师职业并不是基于收入的考量，而是基于对教育工作的喜欢、偏好教师工作的稳定性等其他一些因素。当然，小学全科教师在入职之初不可避免地会关注自身的生存性要素，直接表现为看重职业收入的多少，甚至以此作为衡量自身职业效能的重要标准，进而改变其对自身职业的认同情况，这就能解释本调查中职业认同感中的职业效能维度与收入之间的显著正相关关系。但是当小学全科教师所获职业收入能够满足基本生活需要之后，教师的重心转移到小学教育的情境性要素，便慢慢消弭了收入对其职业认同感的影响。

表 3-9 小学全科教师职业认同感与收入的相关分析（N=801）

	职业认同感	职业角色	职业价值	职业情感	职业效能
绝对收入	0.058	0.022	0.064	0.059	0.069*
相对收入	0.040	0.057	0.050	0.022	0.019
期望收入	−0.007	−0.035	−0.014	−0.023	0.046
应获收入	0.030	−0.005	0.043	−0.007	0.073*

（二）小学全科教师职业认同感的收入差异分析

为了使读者对不同收入与职业认同感的关系有更为直观的了解，并探究两者之间的关系究竟为直线关系还是曲线关系，并进一步分析不同收入水平的小学全科教师职业认同感是否存在差异，本研究分别以绝对收入、期望收入、应获收入为自变量，职业认同感及其各维度为因变量进行单因素方差分析。结果显示，小学全科教师职业认同感及其各维度在这三类收入上均无显著性差异（$F_{绝对}=0.871, 0.769, 0.754, 1.515, 0.949, p>0.05$；$F_{期望}=0.689, 1.713, 0.697, 1.619, 0.295, p>0.05$；$F_{应获}=1.898, 1.422, 1.639, 2.510, 2.453, p>0.05$）。数据意味着不论实际收入、期望收入和应获收入的高低，小学全科教师都具有同等水平的职业认同感，这与前述两者相关分析的结果比较一致，好像仍然支持小学全科教师职业认同感与收入之间无线性相关论。

但是之前探讨这两个变量关系的其他研究结论不同很可能是由于数据分析方法导致的，而将收入分层似乎是得出曲线关系的前提条件。考虑这一点，此处将相对收入合并为 3 个组别，即非常低和比较低为低收入组，非常高和比较高为高收入组，剩余一组为中等收入组。之后以相对收入为自变量、职业认同感及其各维度为因变量做单因素方差分析，结果如表3-10所示。由该表可知，不同相对收入水平的小学全科教师职业认同感及其各维度存在显著差异。进一步多重比较发现，中等相对收入组的小学全科教师职业认同感显著高于低相对收入组和高相对收入组。

表3-10 小学全科教师职业认同感的相对收入差异分析（N=801）

	低		中		高		*F*	MC
	M	*SD*	*M*	*SD*	*M*	*SD*		
职业认同感	3.788	0.821	4.072	0.599	3.867	0.650	13.799***	1<2，3<2
职业角色	3.694	0.991	4.042	0.730	3.838	0.779	13.325***	1<2，3<2
职业价值	3.831	0.940	4.201	0.700	3.956	0.774	16.755***	1<2，3<2
职业情感	4.047	0.845	4.322	0.609	4.094	0.722	12.824***	1<2，3<2
职业效能	3.635	0.868	3.810	0.731	3.651	0.786	4.583*	1<2

上表中多重比较结果揭示出中等相对收入组教师的职业认同感最高，似乎证实了本书对收入与小学全科教师职业认同感关系的猜测。也就是说，并非收入越高小学全科教师就越认同自己的职业，中等收入可以被视为这些教师职业认同感的拐点。究其原因，当教师感知到自己所获相对收入处于中等层次时，基本能够过上比较体面的物质生活，很大程度上减少了对金钱的迫切需求。如果收入继续增加，对小学教师而言只是工资卡中数值的变化，而此时因工作地点偏远导致与家人分离、婚恋受限等现实问题仍困扰着他们，故收入的增加并没有从实质上增加教师的职业认同感。研究者对“80后”小学特岗教师的研究表明，女性教师占比较多，回到家庭附近工作、照顾父母孩子是这些教师主动申请离职的首要因素（刘敏，石亚兵，2016）。总而言之，小学全科教师应树立正确的金钱观，不至于因消极的金钱动机而影响自身的职业认同感水平。

第四节　培养模式满意度与小学全科教师职业认同感

国家实施师范生免费教育政策，就是向社会发出重视师范教育的强烈信号，即希望吸引最优秀、最有才华的学生做教师，鼓励更多的优秀人才终身做教育工作者。师范教育承担着为国家培养未来教师的重要使命，这种使命不仅体现在师范生教师职业能力的训练上，更体现在师范生教师职业认同感的培养上。职业认同感可以被看作小学全科教师队伍稳定性的“晴雨表”，它反映了个体对小学全科教师职业的认可，以及愿意长期从事教师工作的心理感受，是教师的专业热忱、职业忠诚和教育信念的集中体现，可以被视为教师重要的心理资本。

然而，在一些师范院校的人才培养过程中，师范生这种指挥棒式的心理资本并没有获得应有的重视；实际上高校往往强化师范生各类技能培养的硬指标，但弱化了师范生师德师风、教学态度、专业认同感等难以测量的软指标（梁福成，2019）。为引导师范类专业的规范建设，建立健全教师教育质量保障体系，教育部印发了《普通高等学校师范类专业认证实施办法（暂行）》（教师〔2017〕13号），明确了“学生中心、产出导向、持续改进”的基本认证理念，之后制定了涵盖学前教育、小学教育和中学教育、职业教育和特殊教育的专业认证标准。不同学段的各级专业认证标准中均设置了考察师范生职业认同感的“教育情怀”毕业要求。这一毕业要求能否实现，与各聚焦教师培养工作的高校人才培养模式密切相关。

人才培养是高等学校的基本职能，高校的人才培养过程是在人才培养模式的框架内产生的，所以高等学校人才培养模式的合理性与高校毕业生的质量息息相关。教育部出台的文件《关于深化教学改革，培养适应21世纪需要的高质量人才的意见》（教高〔1998〕2号）指出，人才培养模式是学校为学生构建的知识、能力、素质结构以及实现这种结构的方式，它从根本上规定了人才特征，并集中地体现了教育思想和教育观念。该文件从宏观层面确定了人才培养模式的本质属性和主要作用，但对于哪些具体要素应归入人才培养模式等微观操作问题，留给了执行文件精神的各大高校比较大的开放性。我国学者针对人才培养模式的内容要素进行了大量研究，比较有代表性的是培养目标+培养方法的“两要素说”，培养目标+培养过程+培养方法的“三要素说”，培养目标+培养过程+培养制度+培养评价的“四要素说”，培养目标+课程设置+教学方法+教学管理制度+N的“多要素说”（赵黎明，史慧，2015）。上述关于人才培养模式成分要素的诸多观点中，本书比较认同“多要素说”，并且结合小学全科教师培养实践的特点和前人研究成果，在诸多要素中选择了课程设置、管理制度和教育教学方法作为人才培养模式的三个关键指标。需要说明的是，上述每种观点中都涉及培养目标这个指标，可见该要素在人才培养模式中的重要地位。但是由于本研究中小学全科教师的培养目标在入学之前所签订的合同中就有了比较清晰的界定，说明该群体在法理层面已经接受了培养目标，故此处没有收集该指标的数据，而是更关注全科师范生本科学习的四年中，最能直观感受到的课程体系设置、教学和学生管理制度、辅导员和专任教师的教育教学方法。其中，课程设置是关系学生知识内涵和知识能力结构的重要因素，被视为人才培养模式的核心；管理制度规定了人才培养的程序和运行规则，为人才培养过程提供保障；教育教学方法则是课程设置和管理制度得以落实的直接载体和途径，在促进学生全面成长成才方面发挥着关键功能（于大海，张燚，2014）。

本章前两节考察了公众认知和收入水平两大因素对教师这种心理感受的作用，调查数据证明小学全科教师的职业认同感不仅与社会公众对该职业的美誉度等社会性因素存在关系，也受到教师绝对收入水平、相对收入水平、期望收入水平等经济性因素的影响。除了上述两类影响因素，小学全科教师师范生阶段经历了长达4年的学习生活，主要目的便是为今后能顺利从教积累教育教学知识、学习教学设计技能、涵养教育情怀。那么在这段求学时间，小学全科教师师范生对培养高校的课程设置、管理制度、教师教育教学方法是否满意？其满意程度是否也会对其入职之后的职业认同状况起作用？为厘清这两个重要问题，本节将重点分析小学全科教师对毕业高校培养模式满意度状况，及其与职业认同感之间的关系，以期为高等师范院校创新人才培养模式提供一些理论依据。

一、小学全科教师对毕业高校培养模式的满意度状况

（一）小学全科教师培养模式满意度的总体特点

毕业生的满意度是评价高等院校办学质量及竞争力的重要指标，本次调查小学全科教师对毕业高校培养模式满意度的描述性统计结果见表3-11。结果显示，培养模式满意度三个指标的偏度和峰度系数介于0.093～0.600，故可以认为本次调查数据基本符合正态分布。表3-11中课程设置、管理制度和教育教学方法三个指标的满意度均高于3.4分，说明参与调查的小学全科教师对其毕业高校的人才培养模式的满意度处于中等水平。

表 3-11　小学全科教师培养模式满意度的描述性统计（N=801）

	M	*SD*	*SK*	*K*	1～2	2～3	3～4	4～5
课程设置满意度	3.526	0.831	0.331	0.327	7.0%	34.1%	45.2%	13.7%
管理制度满意度	3.451	0.865	0.200	0.093	8.6%	39.8%	39.1%	12.5%
教育教学方法满意度	3.672	0.862	0.600	0.523	6.9%	25.0%	45.7%	22.5%

图 3-5 展示了小学全科教师对其毕业高校培养模式满意度的分布百分比，其中课程设置满意度介于 3～5 分的共占比为 58.9%，管理制度满意度在 3～5 分之间的比例 51.6%，教育教学方法满意度在 3 分及以上的占比是 68.2%，这些分布百分比结果也说明，从整体上看小学全科教师对毕业高校培养模式表示中等程度的满意。本研究中，人才培养模式的满意度结果与王乃一和何颖（2014）的调查结果相似，他们发现免费师范生对培养高校整体培养体系持中等偏上的满意水平，而且对教育部免费师范生政策和学校就业工作的满意度显著高于各省的政策和举措。接下来，将详细分析小学全科教师对人才培养模式三个具体指标的满意度状况。

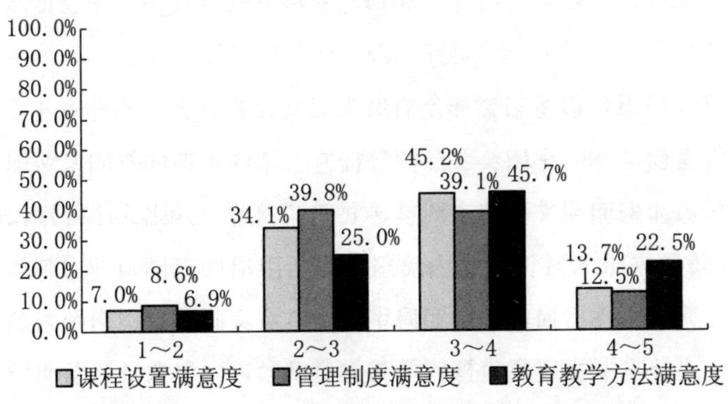

图 3-5　小学全科教师培养模式满意度的分布状况

1. 课程设置满意度状况

小学全科教师对课程设置是否满意直接影响其在师范生阶段的学习动机和学习结果。好的大学，就是能够提供更多更好课程的大学；好的教授，也就是能够提供更高质量课程的教授（张楚廷，2004）。可见，课程设置对于评价大学办学质量的重要地位。本次调查中，课程设置满意度的平均分为3.526，其中2～4分的占比接近80%，说明被调查者对课程设置情况表示中等程度的满意。这一结果与鲍威（2014）对学生院校满意的影响路径分析结果一致，该研究发现半数以上高校学生对于院校总体持中等满意度，课程设置是影响学生对院校总体满意度的重要因素，这种影响主要是通过影响学生发展而间接实现的。同样，学生对高校课程满意度总体上属中等水平的结果也出现在周海银（2015）基于山东省普通高校毕业生课程满意度的调查研究中。

当然，本次调查中也存在一定比例的“比较不满意”和“非常不满意”，这些结果不容忽视，暗示培养小学全科教师高校的课程建设仍有较大的改进空间。课程设置未达到理想的水平的结果也出现在李玲和徐莉炜（2016）对部分大学教师的问卷、教学观摩与笔谈分析中，该研究发现一些高校的课程设置对于学生的学习并不切合，不完全符合学生成长发展的需求。另一项关于武汉市高校2 500名大学生的调查证实，大学生非常关注大学课程对自己需要的满足，如果能够满足他们某种功利性需要的课程，他们的满意度就会高，否则就不高（李国珍，2014）。比如，当前一些师范生课程目标设置偏重于学术性，而对现实问题的解决重视不够，课程内容重视体系结构与概念，而忽视对问题假设与问题解决的设计，这种偏向导致所学课程无法培养师范生从教所需的实际问题解决能力。因此，师范院校在规划小学全科教师课程体系应充分考虑学生的需求，以增加学生对所学课程及其内容的认可度和满意度。因为现今的大学生已从传统的“知识与技能的接受者”转化为“知识与技能的需求方和消费者”，成为影响高等教育机构行为及其职能的一个主体性角色（鲍威，2007）。

2. 管理制度满意度状况

高校学生管理制度作为学生在校学习与生活的重要行为规范，也是构成学生对人才培养模式满意度的不可或缺的要素。表3-11中，小学全科教师对毕业高校管理制度的满意度平均分为3.451，其中2～4分的占比也接近80%。结果说明该群体对高校管理制度的满意度也处于中等水平，与培养高校期待获得的高水平满意度还有一定差距。在多数师范院校培养实践中，学生管理制度主要归口教务处和学生处两个职能部门，前者负责教务考务、质量监控、实验实训等教学管理工作，后者着重思想政治教育、行为规范管理、成长成才服务等学生工作。这些职能部门都是执行以“行政任务”为中心的服务理念，学生的身份性质被定义为“被教育和被管理对象”，并没有建立以“学生满意度”为核心的考评体系（罗小涛，2015）。故本次调查中毕业生对管理制度的满意度没有预期高，与当前部分培养高校实施的“管控型”及“模具式”的管理制度不无关系。这也启示培养高校今后应树立“以生为本”的学生管理理念，制定的学生管理制度应具有科学与人文价值契合、法治与德治方式融合、教育与管理方法结合、他管与自控过程共合的价值向度（梁浩，王英杰，2016）。

3. 教育教学方法满意度状况

辅导员的教育方法和专任教师的教学方法是师范生对高校人

才培养模式最直接的感知，他们的各项教育、指导和服务的质量是影响师范生对高校满意度的重要因素。本次调查结果发现，小学全科教师关于教育教学方法满意度的平均分为 3.672，其中 2～4 分的占比约 70%，数据表明该群体对辅导员和教师的教育教学方法持中等程度的满意。这一结果与其他研究者关于大学生对辅导员教育工作、教师教学工作满意度的调查结论比较一致。例如，张绚（2017）开展的一项关于上海大学生对辅导员工作满意度的调查结果相似，该研究显示大学生对辅导员在帮困和助学贷款等资助工作最为满意（得分为 3.513），其次是对学校安全稳定工作较为满意（得分为 3.470）。又如，陆根书（2013）对我国 15 所高校 3 000 余名大学生的调查发现，参与调查者对高校教师的教学质量表示中等程度的满意，类似的结论获得了同年另一项针对全国 27 个省、直辖市、自治区 106 所高等院校 120 322名本科生教学满意度的调查数据的支持（王芳，2018）。本研究中全科师范生对高校辅导员教育工作和教师教学工作表示出中等程度的满意，该结果也提醒培养院校教育教学改进。

（二）小学全科教师培养模式满意度的性别和年龄特点

1. 小学全科教师培养模式满意度的性别差异

使用独立样本 t 检验考察不同性别小学全科教师对其毕业高校培养模式满意程度的差异，结果见表 3-12。该表中 t 统计量均未达到显著水平，说明不论是男性教师还是女性教师对其毕业高校的课程设置、管理制度和教育教学方法持同等程度的满意感。本次调查所得毕业生对高校培养模式无性别差异的结果，似乎与以往研究结论不太一致。以往研究者基于全国 57 所高校 30 000 份问卷的分析，男生对辅导员的工作满意度总分低于女生（马英，洪晓楠，2016）。本研究的结果与上述研究结果不同，可能与调查时间不同、调查对象中的男女比例差异较大及其特有的教育情怀有关。一方面，针对小学全科教师的调查是毕业之后，其中女性教师的人数占绝对优势，而其他研究是对在校大学生的调查，这些大学生的男女比例相当，故本次调查中不同性别小学全科教师对人才培养模式的满意度趋同是可以理解的。另一方面，相比普通专业的大学生，全科师范生在本科阶段需要接受长时间的教师教育情怀熏陶，这种教育反过来会影响不同性别学生对人才培养模式的满意度感知，即促使该群体倾向于积极的评价（马多秀，2017）。

表 3-12　小学全科教师培养模式满意度的性别差异和年龄相关分析（N=801）

	男		女		t	与年龄的相关系数 r
	M	SD	M	SD		
课程设置满意度	3.488	1.077	3.537	0.750	−0.553	0.090*
管理制度满意度	3.390	1.082	3.468	0.795	−0.884	0.105**
教育教学方法满意度	3.584	1.114	3.697	0.778	−1.251	0.107**

2. 小学全科教师培养模式满意度的年龄特点

将培养模式的三个指标分别与年龄变量进行相关分析，结果见表 3-12 右侧部分。该表中的三个相关系数都达到了显著水平，均为低水平的正相关，提示随着年龄的增长，小学全科教师对其毕业高校的课程设置、管理制度和教育教学方法的满意程度可能逐渐提高。

有意思的是，年龄与人才培养模式满意度之间的这种弱相关，并没有得到之前大学生对高校学生管理、教学质量满意度的调查结果的支持。相反，宋之霞（2012）探讨了不同年级学生对辅导员工作满意度的差异，发现满意度最高的是一年级学生，满意度最低的是四年级学生；同样雷洪峰和朱凌云（2015）对北京六所高校大学生的调查结果也支持该观点，即低年级大学生对辅导员工作预期和评价均高于高年级大学生。而房保俊和陈敏（2010）对 2 080 名工科本科生进行的教学质量满意度调查发现，不同年级学生的满意度存在显著性差异。出现这种不一致的结果，原因可以归结为上述调查对象本身存在一定的差异。其他三个调查的对象都是在校大学生，低年级的学生对大学的学习与生活充满了新鲜感、好奇心，尤其对大学课程设置、学生管理制度和教育教学方法大多抱有美好的预期，而高年级的学生对大学的学习与生活已经有了非常清晰的认知，教师教学、辅导员管理等方面的漏洞和不足会削弱其满意度。本次调查的对象是已经毕业的小学全科教师，该群体从事教育教学工作的时间越长，离校时间就越久，感受到的实际工作中的困难、困扰就会越多，而其回顾已经逝去的、无忧无虑的大学生活时更容易给予正面的评价。因此，小学全科教师对毕业高校人才培养模式的满意度随年龄增加的效应是有可能存在的。

二、毕业高校培养模式满意度与小学全科教师职业认同感的关系

（一）培养模式满意度与小学全科教师职业认同感的相关分析

小学全科教师职业认同感及其各维度和毕业高校培养模式的三个指标之间的相关矩阵如表 3-13 所示。此表中相关系数均达到 0.01 的显著性水平，均为中等程度的正相关，表明小学全科教师职业认同感与毕业高校培养模式所有指标之间呈现出显著的正相关关系，即该群体对培养模式的满意度越高，其职业认同感也越高。

表 3-13　小学全科教师职业认同感与培养模式满意度的相关分析（N=801）

	职业认同感	职业角色	职业价值	职业情感	职业效能
课程设置满意度	0.405**	0.361**	0.344**	0.344**	0.369**
管理制度满意度	0.414**	0.372**	0.353**	0.322**	0.394**
教育教学方法满意度	0.367**	0.318**	0.330**	0.303**	0.334**

1. 课程设置满意度与小学全科教师职业认同感的关系

表 3-13 结果显示，课程设置满意度与职业认同感及其各维度之间显著正相关，相关系数介于 0.344～0.405，这说明小学全科教师对毕业高校的课程设置越满意，其对自身职业认同的程度也越高。两者之间存在中等程度的正相关关系，比较符合研究者的预期。专业与课程建设是评估大学办学质量的核心指标之一，它全方位地反映着大学的办学思想、办学特色。本研究中的被调查者在师范生阶段所学课程大同小异，基本可以归入教师教育课程、学科教育课程和通识教育课程三类。科学合理的课程设计是决定培养人才质量的关键，也是获得学生高满意度的前提，全科师范生课程体系在设计过程中应坚持师范性原则、基础性原则、综合性原则和实践性原则（蔡其勇，卢梦丽，2017）。不仅要坚持上述几个原则，合理设置课程还需要秉持新师范教育倡导的培养“大地良师、儿童人师”的先进理念（陈国安，2020）。教育现实中，对自己所学课程比较满意的小学全科教师，常常具备较高的学习动机，能认真完成课内外学习任务，习得更多担任小学全科教师所需的知识与技能，从而强化其对自身职业角色、职业价值、职业情感和职业效能的认同感。

2. 管理制度满意度与小学全科教师职业认同感的关系

相关分析结果显示，小学全科教师对高校管理制度的满意度与其职业认同感之间也存在中等程度的正相关，管理制度满意度与职业认同感均分的相关系数为0.414、各维度均分的相关系数介于0.322～0.394。该结果证明小学全科教师对毕业高校管理制度满意度的增加会带来其职业认同感的提升，这启示高校制定、推行教学管理和学生管理制度时，需摒弃传统死板、过分行政化的管理理念，引入以生为本、契约式的管理理念（郑育琛，2017)。彰显“学生本位”“服务意识”的管理制度才能调动大学生学习积极性，并维护好大学生的切身利益，提升制度的管理效能，从而赢得多数学生的认可和满意，发挥人才培养模式中管理制度因素对小学全科教师职业认同感的积极效应。

3. 教育教学方法满意度与小学全科教师职业认同感的关系

本调查中，教育教学方法满意度，作为人才培养模式满意度的另一个指标，也是制约小学全科教师职业认同感的因素之一。表3-13中报告了两者之间显著的正相关关系，揭示小学全科教师对毕业高校辅导员的教育方法、专任教师的教学方法越满意，其对自身职业表现出更高程度的认同感。教学实践中，高校教师和辅导员恰当的教育教学方法能使大学生体验更多的学业幸福感，认同自己所学专业的价值及未来从教的深远意义，为每一位师范生铺下高贵而阳光的精神底色，有创造更美好教育的理想，有热爱孩子的信念，有高尚的道德情操，有对万物众生的仁爱之心。相反，如果学生对高校教师的教育教学方法满意度很低，就会产生一些抱怨、愤懑、抵触情绪（林琳，2013)，降低专业学习的兴趣和热情，可能造成对自身所从事职业的认同感滑坡。因此，承担小学全科教师培养任务的高校需在教师改进教育教学方法方面下足功夫。

（二）培养模式满意度对小学全科教师职业认同感的回归分析结果

本章的问卷调查中，小学全科教师年龄与培养模式满意度的三个指标都显著相关，性别和年龄对小学全科教师职业认同感也存在一定的影响。因此，在控制了性别和年龄变量带来的变异后，进一步以培养模式满意度的三个指标为第二层自变量，对小学全科教师职业认同感进行阶层回归分析，具体结果见表 3-14。阶层回归分析结果中，单独的年龄和性别两个变量共同解释了小学全科教师职业认同感的 1.4%。将课程设置满意度、管理制度满意度和教育教学方法满意度三个自变量纳入回归方程之后，解释变异量整体增加了 19.8%，说明小学全科教师对毕业高校培养模式满意度的三个指标共能解释职业认同感 19.8%的变异。第二个回归方程中的 F 值改变量达到 66.479，且达到极其显著的水平，说明三个指标中至少有一个回归系数显著。分析标准化回归系数可知，课程设置满意度、管理制度满意度对因变量职业认同感的预测作用是显著的，而教育教学方法的预测作用未达到显著性水平。

表 3-14　小学全科教师培养模式满意度对职业认同感的阶层回归分析（N=801）

预测变量	职业认同感			
	阶层 1		阶层 2	
	β	t	β	t
性别	-0.025	-0.703	-0.043	-1.366
年龄	-0.114	-3.248**	-0.163	-5.129***
课程设置满意度			0.151	2.331*
管理制度满意度			0.242	3.910***
教育教学方法满意度			0.083	1.537
F	5.463**		42.610***	
R^2	0.014		0.211	
ΔF	5.463**		66.479***	
ΔR^2	0.014		0.198	

表 3-14 中的回归分析结果证实了人才培养模式满意度对职业认同感的确存在一定的预测作用。其中，只有课程设置满意度、管理制度满意度两个指标的回归系数达到统计显著水平，而教育教学方法满意度似乎不如其他两个指标对职业认同感的影响大。事后我们尝试了以教育教学方法满意度为自变量，单独考察其对小学全科教师职业认同感的预测作用是否存在，结果显示标准化回归系数为 0.367（$F=124.522$，$P<0.001$），能解释效标变量职业认同感的变异量为 13.5％；而且以职业认同感各维度分别作为因变量，教育教学方法满意度的预测作用也达到了显著水平。因此，不能否认教育教学方法满意度对小学全科教师职业认同感的影响。总而言之，新师范教育背景下，高校必须顺应新时代对教师的素养要求，不断创新人才培养模式，科学合理地设计课程体系，制定人性和谐的教学与学生管理制度，应用温暖有效的教育教学方法策略，实现从扎实知识和熟练技能向培养一个真正具有人文精神的准教师的转变。

第五节　人格特质与小学全科教师职业认同感

人之所以被视为“万物之灵”，不是因为有爪牙之利、筋骨之强，而主要是因为有丰富的思想、多变的情绪和独特的行为模式，简言之就是人性或人格。人格的新奇奥秘，令人心神向往。每一个时代都会对人们的人格提出不同的要求，不同的职业对人格的要求也不同（黄希庭，2014）。霍兰德提出的职业性格理论认为，职业兴趣与人格之间存在很高的相关性，只有人格类型与职业相匹配，人才能适应工作，使个人和社会同时得益（车丽萍，2016）。

作为教育的源头活水、学生的重要他人——教师，其自身人格发展状况不仅直接影响到教育工作的开展，而且会潜移默化地对学生产生深刻而长远的影响。正如俄国教育家乌申斯基所言："在教育工作中，一切都应该建立在教师人格的基础上。因为只有从教师人格的活的源泉中才能涌现出教育的力量；只有人格才能影响人格，只有人格才能形成性格（郑文樾，2007）。"当教师达到了必要的智力和知识水平，又具备了专业教育能力（思维的逻辑性、口头表达能力、组织能力等）之后，教师自身的人格品质就成为促进其主导作用发挥、影响学生学习与成长的重要因素（韩向前，1988）。古往今来，人们总是对教师人格形象有着特别的要求，常常把教师人格理想化。比如，中国传统文化背景下教师的人格形象是完美的，知识渊博、道德正统、行为示范、处事公正、乐于奉献……这些都是社会对教师人格的理想化期望。因此，教师的人格类型与职业需求之间的匹配度显得尤为重要。

小学全科教师这一较为年轻的职业，起源于教育行政部门为解决农村小学师资缺乏这一严峻的问题而做出的政策性应急安排。在新时代背景下，担任小学全科教师的个体应该具备怎样的人格特征才能与该职业诉求匹配？这些人格特质是否会影响其对教师职业的认同状况？这些问题值得教师教育研究者及教育管理部门深入思考。为尝试探析上述问题，本研究将利用多种测量工具，在了解小学全科教师人格特质状况的基础上，寻找小学全科教师人格特质与职业认同的关系，为小学全科教师的培养和选拔提供心理学依据和参考。

一、小学全科教师的人格特质探析

（一）基于人格特质形容词检测表的调查结果

1. 调查目的和方法

为初步探测小学全科教师的人格特质状况，本次调查选取重庆市 303 名小学全科教师为研究对象，其教龄均小于 1 年。调查共收回 287 个有效被试的数据，其中男性 73 人，女性 214 人。调查中所用工具为郑剑虹，黄希庭和张进辅（2003）修订的《人格特质形容词检测表》（Personality Trait Adjective Checklist）。该量表由 248 个人格形容词组成，如爱国的、善良的、空虚的、狡猾的、好奇的等等，评分方式为从“完全不符合”到“完全符合”七点计分（见附录 4）。数据处理程序包括以下几个步骤：先将 248 个人格形容词中平均分高于 5 分的形容词挑选出来，共保留能干的、可敬的、快乐的、自觉的等 70 个形容词；再把被试评 5 分、6 分、7 分（即回答稍符合、比较符合、完全符合）的累积百分比高于 95％的形容词抽取出来，共保留大度的、开朗的、真诚的、公正的等 22 个形容词；之后对这些形容词进行相关分析，删除相关系数小于 0.3 的形容词，如爱国的、踏实的、坦率的、感恩的等，最终剩余善良的、坚定的等 12 个人格形容词作为小学全科教师的人格特质形容词。

2. 调查结果分析

小学全科教师人格特质形容词的描述性统计结果见表 3-15。该表中，12 个人格形容词的平均得分为 6.089，表明这些人格形容词获得了被调查者的高度认可，可以被视为小学全科教师所具备的主要人格特质。这些人格特质中，公正的、善良的、积极的得分排名前三，评价为“完全符合”的比例分别是45.3%、48.1%和44.9%。综合分析之后，可将这12个人格形容词大致归为三类人格特质，分别是“真诚可靠”，包含真诚的、诚实的、可靠的、公正的；“乐观坚定”，包含积极的、开朗的、上进的、坚定的；“善良宽容”，包含善良的、友好的、宽容的、开明的。

表3-15　小学全科教师人格特质形容词描述性统计（N=287）

	M	*SD*	*SK*	*K*	5	6	7
善良的	6.261	0.864	−1.188	1.660	13.6%	34.5%	48.1%
积极的	6.247	0.843	−1.270	2.383	12.2%	39.4%	44.9%
开明的	6.080	0.839	−0.654	0.017	18.8%	42.5%	34.8%
开朗的	6.049	0.843	−0.375	−0.845	24.7%	37.3%	35.2%
真诚的	6.118	0.904	−1.407	4.322	19.5%	39.4%	38.7%
可靠的	6.098	0.880	−0.844	0.828	19.2%	38.7%	38.0%
坚定的	5.791	0.856	−0.730	2.785	33.4%	42.9%	20.6%
宽容的	5.930	0.870	−0.826	2.500	25.8%	42.9%	27.5%
上进的	6.024	0.817	−0.510	0.096	23.7%	43.2%	31.0%
公正的	6.282	0.794	−1.099	1.209	9.8%	41.5%	45.3%
友好的	6.038	0.898	−1.214	3.776	22.3%	41.1%	33.8%
诚实的	6.146	0.865	−0.647	−0.516	19.5%	34.8%	41.8%

对上表中所列12个人格形容词进行相关分析，结果见表3-16所示。结果发现，小学全科教师“真诚可靠”这类人格特质内部的各形容词之间的相关系数介于0.335～0.478，构成“乐观坚定”类人格特质的各形容词之间的相关系数介于0.358～0.484，“善良宽容”特质内部的各形容词之间的相关系数介于0.357～0.525。

表 3-16 小学全科教师人格特质形容词的相关分析（N=287）

	善良	积极	开明	开朗	真诚	可靠	坚定	宽容	上进	公正	友好	诚实
善良	1											
积极	0.372	1										
开明	0.430	0.441	1									
开朗	0.333	0.406	0.494	1								
真诚	0.354	0.310	0.471	0.414	1							
可靠	0.454	0.387	0.350	0.385	0.355	1						
坚定	0.386	0.358	0.340	0.387	0.339	0.334	1					
宽容	0.415	0.314	0.525	0.324	0.464	0.397	0.384	1				
上进	0.382	0.484	0.523	0.455	0.469	0.478	0.427	0.455	1			
公正	0.392	0.527	0.449	0.429	0.343	0.451	0.345	0.469	0.442	1		
友好	0.361	0.394	0.432	0.436	0.408	0.434	0.388	0.357	0.475	0.480	1	
诚实	0.454	0.367	0.369	0.359	0.335	0.478	0.391	0.353	0.371	0.434	0.407	1

注：限于篇幅，每个人格形容词“的”被省略，显著性符号也未标注在表中，所有相关系数均在 0.01 水平上显著。

本研究中，真诚可靠是指小学全科教师在从事教育教学工作中为人诚实、不弄虚作假，处事公正、稳重可靠、值得信赖；乐观坚定是指小学全科教师在遇到工作困难时能够报以阳光的心态、积极进取，面对艰苦条件和各种诱惑时做到勇往直前、坚定不移；善良宽容则要求小学全科教师对学生充满仁义和爱心，接纳并包容学生在成长中犯下的错误和过失。当然，真诚可靠、乐观坚定、善良宽容并非小学全科教师独有，这些人格特质也契合其他类型教师职业角色的需要。早期研究者整合理论分析方法、形容词检核法和访谈法探寻社会公众理想中的教师人格特征，这些特征包括真诚、讲理守信、善良、亲切、友爱、友好、随和、上进、开朗、公正等（吴光勇，黄希庭，2003）。有些研究关注学生视角下的教师人格特质，如张焰，黄希庭和阮昆良（2005）要求 1 594 名大、中、小学生对自己理想中的教师人格特质进行评定，结果发现学生们喜欢的人格维度包含高尚/进取、慈爱/公正、客观/求真、外向/开朗。之后研究者先后对初中生、大学生心目中的理想教师形象展开了调查，结果显示高尚、善良、公正是教师共有的人格特质（张巧明，崔焕娟，2007；张巧明，2014）。对比以往研究可知，我们利用形容词评定量表所获小学全科教师的这三类人格特质比较符合人们眼中优秀教师人格特质的要求。

（二）基于《优势行动价值量表》的调查结果

根据上述人格形容词调查所得到的三类人格特质，并考虑这些人格特质与小学全科教师职业认同感的关系强度，本研究选择了 VIA-IS 中的乐观、坚毅、善良、宽容四大性格优势作为小学全科教师人格特质的典型代表，分析这些特质的基本状况。调查方法描述详见本章开端部分，接下来阐述此次调查结果。

1. 描述性统计结果

表 3-17 记录了小学全科教师乐观、善良、坚毅和宽容四项人格特质的均值、标准差、偏度和峰度值以及百分比分布情况。结果显示，乐观、善良、坚毅和宽容人格特质的平均分都高于 3.7，这说明参与此次调查的小学全科教师具有较高水平的乐观、善良、坚毅和宽容特质，表现出倾向于从积极的视角看待人和事，为人处世善良友好、宽厚包容，面对困难诱惑能坚定不移。而且，四项人格特质均分大于 3 分的比例依次为 79.7%、88.2%、77.7%和 87.0%，分布情况如图 3-6 所示。图中乐观、善良、坚毅和宽容人格 3 分以上的分布比例均高于 75%，该结果也证明了小学全科教师在这四项性格特质上的优势。

表 3-17　小学全科教师人格特质的描述性统计（N＝801）

	M	*SD*	*SK*	*K*	1～2	2～3	3～4	4～5
乐观人格	3.796	0.755	−0.362	0.391	2.2%	18.1%	51.7%	28.0%
善良人格	3.984	0.697	−0.733	1.412	1.5%	10.4%	48.7%	39.5%
坚毅人格	3.767	0.722	−0.320	0.635	1.7%	20.6%	53.1%	24.6%
宽容人格	3.980	0.682	−0.517	0.744	1.2%	11.7%	51.7%	35.3%

小学全科教师的乐观和坚毅特质得到了前人关于教师心理资本研究的支持。比如，宋志英和范立刚（2020）对安徽省乡村中小学教师心理资本的调查结果显示，乐观、韧性的均值为 3.596 和 4.173（六点计分）；另一项只关注 213 名小学教师心理资本的调查中乐观得分为 3.78、韧性得分为 4.16（陈白鸽，张荣华，梁妙银，崔伟，2017）。此外，本研究发现教师的善良和宽容特质也被学者认为是义务教育阶段教师必备的个性品质，其通过探索性因素分析萃取出教师具有乐观向上、善良宽容的人格因子（刘金平，2018）。早期也有研究采用了量表法比较了新手型、熟手型和专家型教师的人格特征，发现随和、宽容、乐群、能关心他人是熟手型教师的主要特征（连榕，2004）。由此可以知道，小学全科教师的乐观、善良、坚毅和宽容人格特质具有比较广泛的研究根基。

同时，小学全科教师的上述人格特质在教育实践中也有外显行为的缩影。教师职业充满了心理冲突和情感碰撞，尤其在农村小学这样的教育情境中，保持一种善良、乐观、宽容、坚强的职业心态尤为重要。当小学全科教师面对高强度的压力情境出现情感衰竭及成就感低等心理体验时，其人格中的乐观、坚毅能够在一定程度上弥补资源的不足。而现实中的小学全科教师保持善良和宽容，则是保障弱势群体的受教育权利、促进师生思想和精神交流的“不压制”，坚守关爱学生和保护学生的底线“不伤害”，促进学生万卉齐放的“不同化”（蒋婷燕，何齐宗，2018）。

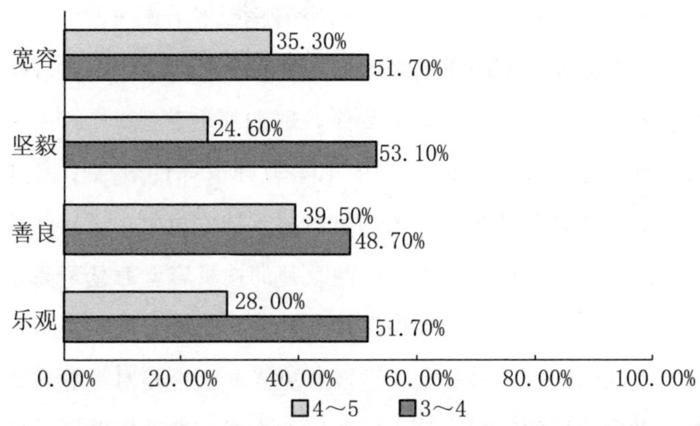

图 3-6　小学全科教师人格特质的分布比例（3 分以上）

2. 小学全科教师人格特质的性别和年龄特点

利用均值差异检验程序寻找小学全科教师在四类人格特质上的性别差异，结果见表 3-18。其中，坚毅人格达到 0.05 的显著水平，乐观人格边缘显著（$p=0.058$），善良人格和宽容人格则差异不显著。该结果表明，男性小学全科教师的坚毅人格、乐观人格高于女性小学全科教师，而不同性别小学全科教师自我报告的善良人格和宽容人格水平相当。

表 3-18　小学全科教师人格特质的性别差异和年龄相关分析（N=801）

	男		女		t	与年龄的相关系数 r
	M	SD	M	SD		
乐观人格	3.903	0.865	3.767	0.720	1.901	−0.075*
善良人格	4.004	0.840	3.979	0.653	0.369	−0.064
坚毅人格	3.883	0.851	3.735	0.679	2.106*	−0.003
宽容人格	3.987	0.808	3.978	0.644	0.134	−0.063

性别差异历来都是研究者不容错过的疑点，本研究也考察了不同性别教师在上述人格特质上的不同。其中，男性教师比女性教师更加乐观和坚毅，这与其他研究者的结论比较相似。例如，有调查发现心理资本的乐观维度上，中小学男性教师均显著高于女性教师（汪明，全景月，王梦娇，殷向荣，2015），这种差异在宋志英和范立刚（2020）对中小学教师群体的研究中得到重复。又如，张旭东（2015）的调查数据支持农村中小学教师挫折容忍力的性别差异显著，说明男性教师的挫折容忍力显著高于女性教师。造成乐观和坚毅人格存在性别差异的原因可能是男教师相对于女教师而言，事业心、进取心更强，遇事相对冷静，更容易看到事物积极的一面，趋于用积极的方式应对挫折情境，而女教师相对心思敏感细腻，情绪化倾向、感情性特质更明显一些，容易引起情绪的波动（董张伊丽，2007）。

表 3-18 右侧列出了小学全科教师的四项人格特质与其年龄的相关分析结果。结果显示，善良、坚毅和宽容三项人格特质与年龄之间的相关不显著；仅有乐观人格与年龄之间存在低程度的显著负相关，也就是说随着年龄的增长，小学全科教师乐观特质逐渐降低。乐观特质与年龄之间的负相关，这一结果与以往教师人格研究不太一致。一方面汪明（2015）对 256 名高校青年教师进行问卷调查，发现 31～40 岁年龄教师的乐观维度得分显著高于 30 岁以下的教师得分。因为随着年龄和教龄的增长，年长教师的人生阅历越来越丰富，教学技能和教育智慧水平越来越高，面对困境更能从容应对。另一方面陈白鸽等人（2017）对小学教师人格的年龄差异进行方差分析，事后检验发现 41 岁以上教师在韧性和自信维度的得分显著高于 30 岁以下及 31～40 岁的教

师，乐观维度的年龄差异则不显著。对比可知，前人对该问题的探究结果本就存在矛盾，而本研究又发现了乐观人格与年龄的负相关这一新情况（可能是这次取样的年龄差异不大所致），因此两者之间关系究竟如何有待后续研究进一步厘清。

二、小学全科教师人格特质与职业认同感的关系

（一）小学全科教师人格特质与职业认同感的相关分析结果

乐观、善良、坚毅和宽容都属于积极人格特质，是教师提高职业能力、形成专业智慧、提高自我效能感的品格保障。将上述四项积极的人格特质与小学全科教师的职业认同感进行相关分析，结果如表 3-19 所示。表中的相关系数显示，乐观、善良、坚毅和宽容人格特质都与职业认同感及其各维度之间存在显著的相关关系，而且这种相关属于中等偏高程度的正相关。这暗示越是乐观、善良、坚毅、宽容的小学全科教师往往对自身的职业抱有更高水平的认同感。

表 3-19　小学全科教师人格特质与职业认同感的相关分析（N＝801）

	职业认同感	职业角色	职业价值	职业情感	职业效能
乐观人格	0.717**	0.620**	0.548**	0.599**	0.721**
善良人格	0.760**	0.640**	0.618**	0.683**	0.716**
坚毅人格	0.624**	0.525**	0.508**	0.517**	0.619**
宽容人格	0.595**	0.499**	0.472**	0.568**	0.547**

上述小学全科教师积极人格特质与其职业认同感的正相关结果，可以从其他教师群体的相关研究中获得佐证。幼儿教师群体方面，王钢和张大均（2014）对四川和重庆两地幼儿教师的研究显示，该群体的乐观品质、韧性品质与其职业认同的职业认知、职业需要、职业意志、职业情感四个维度均呈显著正相关；之后

艾娟和杨桐（2016）的研究显示，幼儿教师的心理弹性与其职业认同感之间存在中等程度的正相关关系。中小学教师群体方面，金梦（2015）的研究发现中小学教师的自信、乐观、韧性等积极人格特质与职业认同总分及其各维度呈显著正相关，杨小雨（2018）的调查也证明了希望、自信、韧性与职业认同各维度及总分之间均存在显著正相关。此外，付雨（2016）以及何昭红等人（2016）对中小学教师心理资本的研究均证实了以上观点。

同时，小学全科教师的乐观、善良、坚毅和宽容品质与职业认同感之间的共变关系，也能在一线教育教学情境中找到一些现实依据。乐观特质帮助小学全科教师更加关注教育教学工作带来的成就感、幸福感，故对教师职业更容易产生积极的认知和情感。善良人格促使小学全科教师对学生仁爱友善，在师生互动中涵养对教育事业的热爱和认同。具有宽容人格的小学全科教师会包容学校教学管理中的偏差，包容学生学习过程中表现出的不足，给予学生有条件的自主权。坚毅人格的特质使得小学全科教师在面对地处比较偏远乡村、收入较低等劣势条件和困难时，依旧认同自己的职业价值，坚守自己的教师岗位。

（二）小学全科教师人格特质对职业认同感的阶层回归分析结果

前述相关分析结果支持了小学全科教师人格特质与职业认同感之间的正相关关系，为进一步探究这些人格特质对职业认同感的预测力。故在控制了性别和年龄变量带来的变异后，以四项人格特质为第二层自变量，对小学全科教师职业认同感进行阶层回归分析，具体结果见表 3-20。回归分析结果中，乐观、善良、坚毅和宽容人格四个自变量纳入回归方程之后，解释变异量整体增加了62.9％，说明小学全科教师的四项人格特质能解释职业认同感62.9％的变异。第二个回归方程中的F值改变量达到348.630，且达到极其显著的水平，说明三个指标中至少有一个回归系数显著。表3-20中乐观、善良、坚毅人格对职业认同感的回归系数均达到显著水平，表明小学全科教师的这三项人格能够预测其职业认同感，但宽容人格的回归系数不显著，否定了其对职业认同感的预测力。

表3-20　小学全科教师人格特质对职业认同感的阶层回归分析（N＝801）

预测变量	职业认同感			
	阶层1		阶层2	
	β	t	β	t
性别	−0.025	−0.703	0.015	0.684
年龄	−0.114	−3.248**	−0.061	−2.845**
乐观人格			0.282	8.266***
善良人格			0.436	12.179***
坚毅人格			0.120	3.762***
宽容人格			0.044	1.420
F	5.463**		237.414***	
R^2	0.014		0.642	
ΔF	5.463**		348.630***	
ΔR^2	0.014		0.629	

职业人格倾向性是教师职业的心理保证，对教师职业认同感具有显著的预测作用。本研究中，调查数据支持了小学全科教师乐观、善良、坚毅人格对职业认同感的正向预测作用，该结果比较类似于已有研究结果。比如，杜军（2014）小学教师人格特征对其职业认同有显著的预测作用，而且解释度高达94.9％。其他教师群体的研究结果也证明了这一点，如张琴秀和王瑞钰

（2018）采用测量法统计分析数据发现，幼儿教师的人格特质对职业认同的预测力达到了15.6%；穆桂斌和张春辉（2012）以144位高校教师为样本，通过教师自评、学生他评、文章发表三方配对数据分析发现，开放性、宜人性、外倾性对职业认同有显著的预测作用。

简而言之，本研究的数据初步证实了小学全科教师的人格特质对其职业认同感的影响。反观教育实践中，虽然西方不少国家已经将适宜的人格作为了教师准入的重要条件，然而我国小学全科教师的准入制度中还没有涉及人格因素。因此，建议今后我国小学全科教师的选拔除了依据知识和技能的测试分数外，还应充分重视人格类型的测试结果，才能从源头上“把好关、选对人”。

本章小结

这一章利用开放式调查归纳出影响小学全科教师职业认同感的主要因素，这些因素教师分别源自本人、培养高校、供职小学和社会公众。之后选取每类因素中占主导地位的子因素，着重考量了小学全科教师的公众认知、收入水平、培养模式满意度和人格特质对其职业认同感的影响，结果发现绝大多数研究假设得到了证实。精准定位了小学全科教师职业认同感的影响因素，为提升该群体的职业认同感水平提供了可靠的方向和思路，也为实现“教育成为全社会最受尊重的事业，更多优秀青年终身做教育工作者”的梦想奠定了心理基础。

第四章　小学全科教师职业认同感的培育机制

2019年初，中共中央、国务院印发了《中国教育现代化2035》，该文件重点部署了面向教育现代化的十大战略任务，其中第七战略任务是建设高素质、专业化、创新型的教师队伍，这也是国家层面对新时代教师队伍建设高度重视的体现。小学全科教师作为新时代教师队伍的重要组成部分，该群体的专业化程度、综合素质水平和创新能力状况将直接影响未来农村基础教育的质量。然而，要实现打造高素质、专业化和创新型的小学全科教师这项战略任务，都离不开其从事教育教学工作最重要的心理动力——职业认同感的培育。职业认同感是教师职业所要求的，在教师专业发展过程中形成、深化并表现出来的，直接影响教师教书育人效果的心理体验。建立可行有效的小学全科教师职业认同感培育机制，对推行乡村振兴战略、促进教育公平有着十分重要的意义。接下来，将基于本书第三章中小学全科教师职业认同感影响因素的调查结果，从国家政策导向、高校职前培养、小学职业支持及教师自我塑造四个视角，分析“四位一体”的小学全科教师职业认同感培育机制。

第一节　政策导向与小学全科教师职业认同感

我国小学全科教师这一职业自诞生之日起，便是国家教育政策的产物，很显然国家教育政策的具体导向常常会对从事这一职业劳动者的切身利益产生巨大影响。这些政策大致可以归为小学教师的资格认证政策、职称评聘政策、继续教育政策、工资待遇政策。不同的政策贯穿小学全科教师职前的学习准备和职后小学任教的始终，直接决定了小学全科教师的能力需求、工作环境、对象层次、服务期限等，尤其是工资待遇、继续教育、职称评聘等政策，都可能影响该群体的职业认同感。

一、资格认证政策与小学全科教师职业认同感

教师资格是国家对专门从事教育教学工作人员的基本要求，是公民获得教师职位的前提条件。教师资格认证制度是对教师实行的特定的职业许可制度（顾明远，2012），它规定了教师资格的基本条件、教师资格认定程序等。小学全科教师作为一种特定类型的教师群体，其任职资格的获取必然受到国家教师资格认证政策的制约。小学全科教师取得小学全科教师资格的基本条件、测评形式、考评内容、合格标准、认定程序等事项，都会不同程度地对其职业认同感的状况产生影响。

（一）小学全科教师资格认证政策的发展历程

1. 中小学教师资格考试制度

我国小学教师资格考试制度建立过程大致分为摸索、初创、改革三个时期。教师资格考试制度的摸索期是 1978 年至 1993

年，当时整个教师队伍学历不合格的比例达到三分之一以上，数量也严重不足，教师队伍的人才补充出现了断层，无法满足国家现代化建设的要求（朱旭东，胡艳，2009）。因此，这一时期以《中共中央关于教育体制改革的决定》为指导，建立了一系列中小学教师考核合格证书制度，为不具备合格学历的教师提供学习进修的途径，促进了教师队伍文化专业知识水平和教育教学能力的提高。

由于摸索时期的合格证书考试奉行自主自愿的原则，不具有强制性，无法满足社会对高素质中小学教师的巨大需求；同时，随着教育事业发展需要严格教师准入制度，从根本上提高教师队伍的整体质量。在此背景下，1993 年 10 月全国人大通过的《中华人民共和国教师法》规定："国家实行教师资格制度。"自此至 2009 年，教师资格考试制度进入初创期，各类教师必须参加各省自行组织的资格考试方可获得相应证书。这一时期以《中国教育改革和发展纲要》为指导，逐步建立了各类教师资格制度，与之配套的教师资格考试面向广大学历合格的非师范生和社会人员申请者，拓宽了中小学教师的来源渠道，逐步解决了中小学教师数量严重不足的问题。

初创期面向社会的教师资格考试制度成效明显，但实施过程中存在各地考察标准不统一、不够规范，有些地方把关不严，考察的有效性不足等问题（杨晨光，2008）。为此，从 2009 年起，教育部开始着手准备全国统一的中小学教师资格考试改革。改革期间，以《国家中长期教育改革和发展规划纲要（2010—2020 年）》为指导，逐步建立了全国统一的中小学教师资格考试制度，使教师职业走上专业化。

2. 小学全科教师资格考试制度

2015年我国开始正式实施“突出综合导向、能力导向、实践导向”的教师资格证全国统考，终结了师范生“免试发证”的资格准入时代，打破了教师资格终身制，实行定期注册制度。目前，小学全科教师获得职业资格的途径与其他分科小学教师的途径基本一致，即参加国家统一组织的教师资格考试（包括笔试和面试）。为严把教师入口关，择优选拔乐教、适教人员取得小学全科教师资格，从2017年下半年开始小学教师资格考试面试中特设“小学全科”科目。

总体而言，我国小学教师资格制度的发展历程是一个从无到有、日臻完善的过程。在上述教师资格认证政策的历史沿革过程中，从课程本位走向能力本位的政策取向，从知识补偿型走向能力发展型的考试内容，从双轨制走向单轨制的获证途径（黎婉勤，2017）。

（二）小学全科教师资格认证政策的实施困境

小学全科教师资格认证制度是规范和引导小学全科教师职前培养、职后培训的基本要求，也是加强小学全科教师专业化的先决条件。在教育部公布的20个卓越小学教师培养改革项目中，绝大多数改革项目聚焦于我国小学全科教师培养，而小学全科教师的资格认证并没有获得同步关注，以至于该教师群体的资格认证制度在实施过程中，陷入了某些困境。

1. 忽视小学全科教师应有的教育实践经历

从教师专业成长的规律来看，教师专业素质需要在长时间的专业教育中浸润和濡养而成，而教师的专业教育包括学术教育和实践教育两大部分。然而现行小学全科教师资格考试制度规定了教师资格申请者应具备的国籍、学历、政治立场、有无犯罪记录等条件。而且，确定了考试科目包含笔试科目《综合素质》和《教育教学知识与能力》、面试科目《教育教学实践能力》，前者着重考察教师资格申请者静态的专业知识，后者则关注教师资格申请者即兴课堂教学的表现。由此分析可知，就小学全科教师资格考试的报考条件和科目内容而言，基本没有涉及应有的教育实践经历方面的项目。事实上，在教育信息技术高度发达的今天，教师资格申请者或许可以通过自学或其他非学历教育形式掌握学校教育的知识。但是，教师资格申请者只有走进教育实践场域，通过亲身的参与和体验才可以获得符合实际的教育实践性知识，尤其是需要开展跨学科融合教学的小学全科教师。不言而喻，忽视教师资格申请者的教育实践经历是小学全科教师资格认证制度的一大缺憾。

2. 淡化小学全科教师饱含的教育情感

教育的本质意义，不仅仅是知识的传授、智慧的启迪，更是心与心的交流、情与情的互动。教师的情感发展程度决定着他们的精神世界的广度和高度，只有高情商的教师才能如春风化雨一般润物细无声（蒋开君，2015）。然而，不论是高校师范生培养，还是国家教师资格认证条件，或者教育行政部门组织的教师公开招聘，基本上都忽略了教师的情感维度。现实中小学全科教师需要扎根条件相对落后的农村学校，面对父母关爱缺失的留守儿童，坚守这样的工作岗位自然离不开教师自己内在的教育热情。遗憾的是，现行小学全科教师资格考试制度中除了对申请者的思想品德进行鉴定外，并未涉及教育情感方面的测评。

3. 缺少小学全科教师规范的专业标准

众所周知，较单科教师而言，全科教师最突出的特征就是知识完整、能力全面。小学全科教师的融合教学模式可以充分考虑小学生的全面发展，以小学生的整体性发展为本位，而不是以学科知识的系统性为本（咸富莲，2017）。小学全科教师能力特征高度契合我国《基础教育课程改革纲要（试行）》（教基〔2001〕17号）的要求，即“小学阶段以综合课程为主，打破学科界限，注重不同学科内容之间的联系”。因此，对该教师群体的任职资格考试制度设计应充分考量其与分科小学教师能力结构的差异性。教师资格考试制度的设计理念和目的是通过考试的形式去考核和筛选出符合教师专业标准的教师候选人。但令人尴尬的是，我国专门针对小学全科教师的专业标准尚未建立，仅有包含13个领域和58项指标的通用型《小学教师专业标准》。

（三）基于职业认同感培育的小学全科教师资格认证制度变革构想

小学全科教师资格是国家给予专门从事小学全科教学工作人员的职业资格。这种资格是公民获得全科教师职位、从事小学全科教学的前提条件，更是充分体现小学全科教师的专业特点，凸显小学全科教师的专业地位的有力举措。如何及时、有效地破解当前小学全科教师资格认证政策的实施困境，对提升该群体的职业认同感颇有益处。

1. 提高小学全科教师资格认定条件

《中华人民共和国教师法》和《中华人民共和国教师资格条例》的第十条均规定：“中国公民凡遵守宪法和法律，热爱教育事业，具有良好的思想品德，具备本法规定的学历或者经国家教师资格考试合格，有教育教学能力，经认定合格的，可以取得教师资格。”作为直接规范教师资格认证的法律和法规，其所描述的任职条件高度概括，但相比发达国家的教师资格认证条件，我国教师资格认证条件较低且过于简单（张雳，王晶，李赛乔，2015）。除了学历等基本条件外，发达国家还注重考核教师资格申请者教育实践经历。例如，美国专业教学标准委员会要求教师资格申请者提交教育实习档案评价袋，档案袋中应含有学生作业、课堂实录以及反映申请者教学能力的成就记录等三类材料，以便考官能全面综合地考虑申请者“教育实践经历”的有效性。类似地，加拿大公民要想取得教师资格，必须要有约900小时在中小学的活动经验或实习经历，并在大学教师或领导的指导下，获得肯定性评价（李泽宇，李昱，2011）。

相比中学生，小学生更易受到授课教师的言行影响，向师性更强，导致小学教师对小学生的影响往往会延伸至后续几年、甚至一生的学习经历。因而，小学教师的教育智慧和经验显得尤为重要。事实上，没有任何教育实践经验的个体，走上小学全科教师岗位后不可避免地面临各种难以解决的教育实践问题，特别是最初任教的班级也许就成了其教育摸索路上的试验品甚至牺牲品。因此，要实现“质量至上，能力为本”的价值目标，单凭标准化考试远远不够，还应该遵循小学全科教师专业成长的内在规律，故建议把“有效的教育实践经历”作为小学全科教师资格考试申请者的必要条件之一。倘若有了这样的教师资格认证条件，今后每一位小学全科教师将在赴岗之前，都具备比较丰富的教育实践经历，对真实的教育场域有比较深入的体验，在一定程度上可以增加其职业认同感，减少其职业倦怠和离职风险。

2. 增加小学全科教师职业情感测评

现今我国教育培训市场异常“成熟”，一些没有教师专业情感、并非发自内心热爱教育事业的人也有可能依靠特殊的短期培训和应试技巧，而顺利通过资格考试。这类教育知识与技能速成的教师群体，在教育实践中往往表现出机械化、程序化、任务化、功利化的工作倾向，决定命运的成绩、异化的试题答案、被压迫的面孔等成为屡见不鲜的校园风景（王超，2014）。这类教师大多缺少平等、宽容、信任、关心、同情等理解小学生、关爱小学生的情感特质，甚至丧失教师开展小学生教育工作的底线。所以，确有必要对小学全科教师资格申请者的情感素养加以考量。建议小学全科教师资格考试的内容中，不仅要重视考核小学全科教师资格申请者的职业知识与能力，更要加强其教育情感方面的测评，从源头把控以使更有教育情怀、更愿意投身农村教育事业的个体进入教师队伍，守好小学全科教师的“入口关”，奠定农村小学全科教师的职业情感认同基础。

3. 制定小学全科教师专业标准

相比采用分科教学模式的小学教师，小学全科教师的能力结构具有鲜明的特色，其能力特征具体体现为能力融合性、能力实践性和能力发展性三个方面。故继续沿用 2011 年颁布的《小学教师专业标准》指导下的分科小学教师考评体系，显然不合时宜。鉴于此，亟须制定能全面、准确考察小学全科教师执教资格的专业标准，以满足国家对合格小学全科教师专业素质的基本要求，同时增加小学全科教师群体对自身职业角色、职业效能的认同度。考虑到当前教育实践领域分科教师仍是城镇小学教师的主体，全科教师逐渐成为农村小学教师主体的现状，故建议修订现有《小学教师专业标准》时考虑设置相应的执行过渡期。科学合理的小学全科教师专业标准不仅是小学全科教师资格认证和专业发展的主要依据，也是规范高等院校建构小学全科教师培养模式、制定教育课程方案的基本准则，更是小学完善全科教师岗位职责、考核评价与绩效管理的重要参照，还为小学全科教师群体认同自身的职业价值提供了政策支持。

二、工资待遇政策与小学全科教师职业认同感

合理的薪酬是对小学全科教师工作成绩的有效肯定，也是一种极具魅力的激励手段。一个职业的工资待遇状况，会直接影响社会公众对该职业价值的评价，故教师职业的工资待遇政策也将制约教师群体对自身职业的认同程度。

（一）中小学教师工资待遇政策的历史沿革

改革开放以来，中小学教师工资待遇政策大致经历了四次重要变革。其一，20 世纪 80 年代，中小学教师工资待遇政策的主题是实行教龄津贴和结构工资制度，将工资分为基础工资、岗位（技术）工资、工龄津贴和奖励工资四个部分。其二，1993 年推行的工资改革政策是我国现行工资制度的纲领性制度，教师被纳入专业技术人员，工资包括专业技术职务工资和津贴。但津贴比例低，职务工资仍然是工资主体。其三，2001 年实施“以县为主”基础教育教师工资管理制度，农村中小学教师工资从乡镇财政甚至村保障逐渐上移到由县级财政保障，工资拖欠问题得到有效缓解并逐步解决。其四，2009 年对中小学教师按国家规定执行事业单位岗位绩效工资政策，教师的工资被分为基础性工资和奖励性工资两部分，中小学教师整体待遇明显提高。如第三节所述，目前小学全科教师的工资待遇政策正是执行的绩效工资制度。

（二）小学全科教师工资待遇政策的执行偏差

尽管我国政府部门制定了一系列关于教师工资的政策文件，

但教师工资待遇政策的落实过程中仍然面临着一些困难和偏差。其中，小学全科教师工资待遇政策执行最为突出的问题是总体水平低、城乡/地区差距大。究其原因，我国义务教育阶段学校教师绩效工资财政投入体制实行“县级为主、省级统筹、中央适当支持”，却没有明确规定中央、省和县三级政府各自具体分配数额和比例，在实际执行中存在政府层级间的博弈（杜屏，2018）。

小学全科教师的工资水平低，难以吸引优秀人才入职；城乡/地区差距非常大，诱发较高的流动和离职倾向。小学全科教师作为解决农村教育问题的全能型教师，更是受到社会大众的高期待、严要求，这就造成了他们工作压力大、付出多，而其所获实际收入却不高，从而打击了他们对农村教育工作的积极性，导致该群体的政策认同度与满意度比较低（李晓丽，2019）。有研究显示，在城乡二元对立、社会转型发展和消费主义盛行的多元背景下，农村小学教师的相对剥夺感十分强烈（叶菊艳，2014）。可见，工资待遇政策的执行偏差对小学全科教师的职业认同感带来了不小的负面作用。

（三）基于职业认同感强化的小学全科教师工资待遇政策完善路径

1. 优化小学全科教师的工资结构

岗位工资、薪级工资、绩效工资和津贴补贴四部分共同组成了小学全科教师的工资体系，但是不同组成部分在整个工资结构中所占的比例将直接影响教师实际获得的绝对收入水平。这些比例包括教师工资结构中基本工资与绩效工资的比例、绩效工资中基础性绩效工资与奖励性绩效工资的占比。如果绩效部分占比太低，分配体现绩效不够，不能起到激励的作用；如果基本工资部分占比较低，长此以往有可能会削弱到工资的保障职能和递延补偿的作用。所以为巩固小学全科教师的职业认同感，建议优化其工资结构，即向岗位工资和薪级工资这两个保障性成分倾斜的同时；兼顾绩效工资这一成分，以彰显小学全科教师工资分配政策的效率。比如，设置较高的教师起点岗位工资，有助于吸引潜在的优秀人才加入；设置较大的薪级工资级差和工资增长速度，有助于保留优秀教师；设置较高比例的奖励性绩效工资，可以激发卓越教师创新性地发挥潜能。

2. 缩小教师收入地区差距，提高津贴补贴的额度和比例

现行工资结构中对扎根农村的小学全科教师最有补偿作用的是津贴补贴部分。由于小学教师绩效工资中的津贴补贴与地方经济水平紧密相关，也就是说当地的经济发展水平决定了其津贴补贴的额度，故就职于农村小学的教师只能获得额度和比例极低的津贴。虽然自 2013 年国家开始实施的连片特困地区乡村教师生活补助政策，但从各地具体的实施情况看，补助标准仍有待进一步提高。例如，教育部办公厅关于 2013 年连片特困地区乡村教师生活补助项目实施情况的通报显示，已实施县的平均补助标准在 300 元及以下的县占 48%，300～600 元的占 36%，600 元及以上的占 16%。因此，从义务教育均衡发展的角度出发，在国家层面设置一种高额度、高比例、强制性补贴应成为一种必须的保障措施，尤其是对农村小学全科教师而言。如此，坚守在中国教育系统末端的乡村小学全科教师才可能获得比较高水平的绝对收入，从经济回报层面增加其在社会的经济地位，进而强化该群体对自身职业的认同感。

三、继续教育政策与小学全科教师职业认同感

教师继续教育政策体现了党和国家对一定历史时期内教师培

训工作的基本认识和要求，是建设高素质、创新型师资队伍的重要环节。人本化的继续教育政策理念、精准化的继续教育政策目标和丰富化的继续教育政策内容对小学全科教师认同、提升自身的职业效能有较大作用。

（一）中小学教师继续教育政策的演变过程

改革开放四十多年来，我国中小学教师继续教育经历了“恢复重建”“改革扩展”“全面转型”和“协同发展”四个重要阶段。第一阶段为1978年至1985年，教育学院、教师进修院校是培训在职中小学教师的重要基地，加强中小学教师在职培训机构自身建设，创建符合国情的中小学教师继续教育体系是这一阶段的主要特征（余新，王婷，2018）。改革扩展阶段是从1986年到1995年，开始倡导和推行继续教育理念，凸显在职教育与职前培养的差异性，中小学教师继续教育政策法规建设步入规范化。全面转型阶段经历了“九五”到“十一五”（1996—2009年），中小学教师职后教育的“转型”特征明显，主要表现为从分立的教师培训体系向职前、职后一体化转型，从学历补偿教育向继续教育转型。国家先后实施“中小学教师继续教育工程”“西部农村教师远程培训计划”等培训政策，有力地促进了我国中小学教师的专业发展（管培俊，2009）。2010年之后，以“国培计划”启动为标志，我国中小学教师继续教育跨入“协同发展”新时代。《教师教育振兴行动计划（2018—2022年）》指明应建立“以国家教师教育基地为引领、师范院校为主体、高水平综合大学参与、教师发展机构为纽带、优质中小学为实践基地的开放、协同、联动的现代教师教育体系”。对比可知，小学全科教师所享受的继续教育政策正处于教育主管部门重视程度最高、客观条件最好的协同发展阶段。

（二）小学全科教师继续教育政策的实施痛点

虽然我国实施中小学教师的继续教育政策取得了显著成效，一直发挥着教师队伍建设的“救援队”“排头兵”“加油站”“领航人”和“守望者”作用。不可否认，继续教育政策实施的过程中仍然存在一些薄弱之处。在小学全科教师继续教育领域，受训群体感受到比较突出的问题集中在培训课程的内容和方式以及学历提升受限两个方面。在职培训方面，优质培训内容无论是“数量”还是“质量”都远远不能满足一线小学全科教师的现实需求，特别是课程内容缺乏全程设计规划，很难实现专业发展各阶段的无缝对接，导致小学全科教师持续参与培训的“愿景”逐渐减弱（曲正伟，2019）。同时，呆板的培训方式进一步消解了小学全科教师参与职后研修的“获得感”，比如集中研修安排偏多、理论灌输环节占主导等广受诟病（况红，夏泽胜，2017）。学历提升方面，小学全科教师在服务期内不允许脱产攻读研究生，阻断了该群体全日制专业学习提升学历的道路，弱化了其获得高层次专业发展的希望。

（三）基于职业认同感提升的小学全科教师继续教育政策优化思路

1. 研制教师培训课程标准及实施指南

培训课程是体现教师专业内涵与专业水平的核心内容，是实现教师培训价值和效用的关键因素。众所周知，设计教师培训课程标准是进行培训课程建设的先导工作，一份科学合理的课程标准会对教师培训课程的目标、内容、形式等做出明确的规划，减少课程资源杂乱无章、避免课程内容重复低效。小学全科教师作为教师群体中的新成员，更需要针对该群体的特点研制符合专业发展需求的培训课程标准，以及操作性强的实施指南。研制小学全科教师培训课程标准，应紧紧围绕基础教育改革和发展对教师队伍建设的总体要求，《小学教师专业标准》和各学科课程标准，并吸收借鉴国内外小学全科教师专业发展的最新理论和实践成果，搭建分层次、分学段、全员参与的课程体系，逐步形成培训课程标准引领下的培训规划设计机制。如此，可扭转一线小学全科教师对培训课程内容的刻板化消极认知，引导小学全科教师强化指向于未来的思考和进取心，增加小学全科教师对自身职业发展的认同感。

2. 融合“线上和线下”，开展协作互动型研修

小学全科教师大多就职于交通相对闭塞乡村，承担多学科的教学任务，集中培训常常需要以停课为代价，而侧重教育教学理论灌输的培训形式更是不符合成人教育的基本特征。因此，今后针对小学全科教师的继续教育必须在培训理念、手段上加以创新。在“互联网＋”时代，跨界融合创新，允许多方参与、尊重人性体验是大势所趋，教师的继续教育政策也需要顺应时代潮流。建议小学全科教师继续教育方式融合“线上和线下”，开展协作互动型研修。可行的模式如“网络与校本融合”研修模式，即通过学校的教研活动诊断问题，再结合网络研修研讨解决问题，以两者的结合来确保持续、有效的互动讨论和学习（薄存旭，2016）。此外，网络学习共同体、人人通教师空间等正在成为农村小学全科教师与城市分科教师协同专业发展的全新环境。这些创新性、混合式的小学全科教师培训模式，很大程度上解决了其被迫停课的后顾之忧，允许其专业成长呈现个性化、多元化

的样态，从而强化该群体的职业认同感。

3. 拓宽学历提升通道，践行终身学习理念

小学全科教师在接受师范教育之前，便与其定向的地方教育主管部门签署了协议，协议中规定了攻读研究生的一些限制。然而，一线小学全科教师对这一继续教育政策并不满意，大部分小学全科教师有着继续深造的打算，但因为政策限制只能选择放弃，严重影响了该群体的职业认同感（秦玲，邓李梅，邢暄子，2019）。因此，建议优化针对小学全科教师继续深造的限制政策，为其打造学历提升的绿色通道，践行《教师教育课程标准》所倡导的终身学习基本理念。比如，在不影响当地教育主管部门整体规划的前提下，鼓励有学习意向的小学全科教师继续深造，甚至可以效仿部属师范院校公费师范生免试获得硕士研究生学习机会的做法，深化其对教师职业价值、职业角色和职业效能的认同。当然，教育主管部门可以要求小学全科教师在研究生毕业后及时回到所定向的区县，履行合同中注明的服务义务。

四、职称评聘政策与小学全科教师职业认同感

职称评聘制度是我国中小学教师管理的基本激励制度之一，也是促进教师专业发展的重要保障。小学全科教师的职称评聘政策，直接影响其开展教育教学工作的积极性和热情及其对所从事职业的认同感。

（一）中小学教师职称评聘政策的发展脉络

在改革开放的四十多年中，我国中小学教师职称聘任制度不断发展完善，其发展脉络有两个重要的分界点（李廷洲，陆莎，金志峰，2017）。第一分界点始于1986年，中央职称改革工作领导小组发布的《关于转发国家教育委员会中、小学教师职务试行

条例等文件的通知》（职改字〔1986〕112号），该通知对教师职务评聘的权力主体、组织结构、评聘程序以及运作机制等方面都做了具体的规定。在具体实施条例中提出“可采取先大中城市后城镇农村，先基础较好的学校后其他学校，先评审高级、一级教师后评审二、三级教师等步骤，分期分批进行”。自此，中小学教师职务聘任制从试点开始，逐步得到全面、深入的开展。第二个分界点以2015年人力资源社会保障部、教育部联合发布《关于深化中小学教师职称制度改革的指导意见》（人社部发〔2015〕79号）为标志。此次职称制度改革呈现出从分类设置到统一中小学教师职称等级及审核评价标准、职称结构比例参照事业单位岗位设置标准、从重点关注大城市教师到向乡村教师倾斜的新特点（高慧斌，2016）。依据小学全科教师的供职时间可知，其职称评聘执行第二个分界点之后的政策。

（二）小学全科教师职称评聘政策的实践偏颇

如前所述，现行中小学教师职称评聘政策出现了向乡村教师倾斜的导向，一定程度改变了城乡教师职称评聘中的隐性不公正，让乡村小学全科教师看到了希望。但是实践中存在的一些偏颇，严重困扰着小学全科教师职业价值认同。其中，高级职称比例低、地区差异大、病态竞争严重三个问题不容忽视。偏颇之一，乡村小学教师高级职称比例全国倒数第一。依据统计数据测算发现，全国具有高级职称的乡村教师比例仅为4.2%，比全国平均值低6.6个百分点，比城区教师更低了12.0个百分点；乡村小学教师具有高级职称的比例最低，仅为1.6%，比全国小学教师平均值低0.5个百分点（高慧斌，2017）。偏颇之二，经济欠发达的西部地区乡村小学教师中、高级职称比例明显低于经济发展较好的东部地区。调查发现，西部地区具有高级职称的乡村教师比东部低 1.3 个百分点，中级职称西部则比东部低 14.9 个百分点。偏颇之三，现行乡村小学教师职称评定名额受制于教育主管部门划定指标，众多教师为了争夺有限的名额而“各显身手”，形成一种不健康的竞争态势。某些有条件获得职称的教师想尽各种方式来获得名额，这样的风气滋生了一些腐败行为，如论文腐败、课题腐败、评奖腐败等，教师不再如过去那般纯洁地执著教书育人这方净土，学校也成为了教师群体的“名利场”（马香莲，2017）。

（三）基于职业认同感升华的小学全科教师职称评聘政策创新要点

建立尊重教育规律、反映价值关系的教师评价制度在一个较短的时期必然面临各种困境，故必须放眼未来进行评价制度创新，吸引具有教师天赋且品德高尚的精英从事教育事业。

1. 增加乡村小学教师高级职称比例，优化职称分布结构

改变以往教师职称评聘实践过程中将学段割裂的、“向城性”明显的教师倾向，真正落实统一的中小学教师职称系列，即不再区分中学教师和小学教师职称，全部是正高级教师、高级教师、一级教师、二级教师、三级教师，这就为更多小学教师参评高级职称铺平道路。在此基础上，实施乡村小学教师高级职称的评聘比例专设，严禁直接或变相占用，以弥补过去几十年政策执行偏颇造成该群体取得高级职称困难的事实（庞丽娟，杨小敏，金志峰，2019），实现教师职称分布整体结构的优化。只有因时制宜地创新教师职称评聘政策，发挥教师政策的激励性作用，让每一位兢兢业业从教的青年小学全科教师都能通过职称进阶，提高其

职业幸福感、成就感、认同感。

2. 加大西部农村教师职称评聘条件倾斜，缩小职称地区差异

对长期在西部乡村学校工作的一线小学全科教师，应加大实行特殊的倾斜政策的力度。可以考虑的倾斜方式之一是，西部地区乡村小学全科教师职称晋升应坚持把教师的品德修养和教育情感放在教师职称评价条件的首位，重点考察教师的职业道德和教育情怀，淡化职称评定条件中的论文发表、教研项目、奖励荣誉等项目，实行凡事师德师爱、教育年限、教学水平、身心素质等资格类条件达标者可以自然晋升的保护策略。这样可以减少由于区位形态差异、城乡条件差异导致乡村小学全科教师在教学和科研领域的劣势，帮助该群体安心、舒心从教，消除其对自身职业发展的隐忧，增加农村小学教师的职业吸引力，以达到吸引大量优秀人才愿意赴西部农村学校奉献青春和智慧的效果。

3. 取消乡村小学教师评聘限额，试点无横向比较的职级制

学校教师之间因职称评定出现恶性竞争、教育腐败，主要原因是在现有教师职称评聘政策下，中高级职称名额有限，尤其是乡村小学教师的高级职称更为稀有。因此，建议借鉴欧美所实行的年功绩效模式，对乡村小学全科教师试点无横向比较的职级制。试点的职级制，不是简单地走按资排辈，而是基于教师工作的重复性，尊重教师的长期工作中经验智慧与价值（蒋科星，2017）。基于年度考核的职级制能够让广大小学全科教师能够享有绿色的职务晋升渠道，无需因职称名额受限而引发教师群体内部关系紧张和评审腐败，彻底消除不少优秀乡村教师无法进入心仪的职称序列的这块“心病”。有了利好的职业发展通道，有利于增加青年小学全科教师长期扎根乡村从教的认同度。

总而言之，各级教育管理部门认真贯彻落实“以师为本”的教师政策，小学全科教师这一职业的知名度、美誉度和社会地位的提升将会水到渠成，这对小学全科教师职业认同感会产生显著的支持作用。然而不论是小学全科教师资格认证政策、职称评聘政策、继续教育政策还是工资待遇政策的改革，都离不开大众“尊师重教”的社会舆论氛围的浸润。

第二节　职前培养与小学全科教师职业认同感

师范教育阶段是小学全科教师职业认同感发展的重要阶段，初步形成职业认同感正是师范院校培养小学全科师范生的重要目标之一。本书第三章通过调查数据证实了师范院校人才培养模式对小学全科教师职业认同感的作用，此处将从课程体系、管理制度和教育教学方法三个角度详细阐述提升小学全科教师职业认同感的具体策略。

一、设置切合小学全科教师能力结构的课程体系

课程设计是高校小学全科教师培养工作的灵魂与核心。小学全科教师的能力结构是开展此类人才培养工作的理论依据，其能力指标体系是科学设计系统化培养课程的基石。美国要求小学全科教师必须具备三项基本能力，即培养学生投入学习的能力、传授学科知识的能力、测评学生学习成果的能力；芬兰小学全科教师需拥有教学、公共交往、教育科研、创新和解决问题五项能力。然而欧美国家关于小学全科教师能力结构的研究与实践，均根植于该国的教育场域，而未必完全切合中国的历史、文化和社

会实际。故本研究团队已经对小学全科教师的能力结构展开实证调查，建构出比较合理的小学全科教师能力结构指标体系：教育教学能力、协调管理能力、科研创新能力、学习应变能力（程翠萍，田振华，蔡娟娥，2019）。本书将在此四维能力结构基础上，提出小学全科教师培养的课程体系建设策略。

（一）强化教师教育模块课程的情感性

目前，师范院校培养小学全科教师的教师教育模块课程主要包括教育类、心理类、教学法类。如第三章开放式调查结果所示，教师教育类课程设计和实施过程中更多注重知识与技能目标的实现，而这类课程对小学全科师范生教育情感的涵养、熏陶功能被弱化，基本上延续以往培养专科层次“教书匠”的培养模式。从教育实践来看，当前小学全科教师职前的师范教育缺少专门的乡村教育方面的课程，以至于因对乡村教育缺少必要的认知，无法促进他们生成乡土情怀（马多秀，2017）。因此，促进小学全科师范生的职业情感认同必须强化高校教师教育模块课程的情感性。

通过教师教育课程培养小学全科师范生的情感，可以从教育情怀和乡土情怀两个方面着手。其一，教师教育模块课程应设立专门观摩体验类的学分、学时，给予小学全科师范生感受一线教师教育情怀的机会。比如，心理类课程可以设计“走进儿童的内心”体验板块，通过与小学儿童近距离的相处，激发小学全科师范生喜欢儿童、愿意为儿童心理成长贡献智慧的教育情感。又如，教育类课程可以增加“我与教育家对话”阅读板块，以此观摩知名历史人物的教育情怀发展史。其二，乡土情怀是乡村教师坚守和奉献乡村教育的情感基础，培养小学全科师范生的乡土情怀，即陶冶其扎根农村、奉献农村、改变农村教育的深厚乡土情结。这种情结的形成之初需要厘清小学全科师范生职业角色的定位，使其对职业角色的认知从农村小学教育坚守者向乡村教育振兴推动者转变。个体都有家乡热爱、光宗耀祖、落叶归根的内驱力，将小学全科教师这一职业定位为支援家乡教育事业建设的先行者，有利于增加其对自身职业价值的认同。具体做法可以是在已有教育类课程中融入定向区县的乡土文化内容，也可以增设独立的乡村教育文化理论课程，如乡村教育学等相关的专题研讨模块。鼓励小学全科师范生通过学习多样化的课程形态，深入了解和体验乡村教育发展的现实状况，并为乡村小学全科师范生创造条件和机会，以充分发挥他们的聪明才智，让他们体验为乡村教育发展作贡献的幸福和快乐，进而内生出高度认同的职业情感。

（二）增加学科教育模块课程的综合性

小学全科教师不仅限于被动迎合农村小学教育“被全科”的当前现实需求，长远来看，该职业的定位于应是卓越引领。这样既回应了小学教育期待，也实现了小学基础教育的启蒙价值，还契合了小学生认知整体性、综合性的特征，有助于提升该群体的职业角色认同。本书第二章调查结果也证实了能力综合是小学全科教师这一职业的鲜明特色。因此，师范高校设计小学全科师范生学科教育课程时，必须立足课程整合视角增加学科课程的综合性。

课程整合是以全人发展为理念的课程范式转型，即在复杂性科学思维下以系统科学方法论为观照，突出整体性、关系思维以及过程思维，关注课程知识维度人与知识之间的意义关系，逐步从课程知识的整合上升到学生与生活之间的有机整合（刘艳，伍远岳，2020）。也就是说，学科教育课程的设计必须摆脱原有的分科逻辑，不能简单地将不同学科知识进行拼盘式堆砌，也要避免矮化学习经验为直接经验的活动表面化教学。比如，以课程整合为理念依托的语文学科课程，应融入语言、文学、写作等知识体系，并融合听话、说话、写话等生活技能，还要加入社会经济、历史考古、文化民俗、天文地理等符号元素。

（三）凸显实践教学模块课程的实践性

有研究表明，从承担培养任务的师范高校来分析，准教师职业认同感较低的原因是高校给予的教学实践机会较少，从实践中体验到的成就感和效能感不强烈（张晓辉，赵宏玉，2016）。可见，小学全科教师的教学实践对于职业认同感的形成具有重要意义。一直以来，小学全科师范生的实践教学模块课程大多以教育实习为表现形式，且集中在大学四年级为主。调查表明，部分高校的小学全科师范生教育实践课程和师范技能课程占比仅为10.9％和2.9％（李俊佐，边仕英，姜廷志，2019），导致不少小学全科师范生在校前三年期间不完全了解小学课堂现实情况，生成的教育教学理论和学科基础知识对小学来说往往是屠龙之技，中看不中用（张松祥，2015）。这种现象在本书前面针对小学全科教师的调查中也有出现，一些已经入职的小学全科教师回忆自己在大学时期的学习困惑时，就提到现有的课程安排使其“担心自己无法做到跨学科融合式教学”。可见实践教学模块课程的实践性不强，非常容易导致职业效能认同降低。

理想的实践性课程设计应源于生活、超越生活、回归生活，满足小学全科师范生的未来工作和生活的实际需要。因此，设计实践教学模块课程应基于小学全科师范生的工作需要，切实凸显实践性。要做到这一点，需要以小学全科教师的工作任务为主线，设计围绕课堂教学工作、班级管理工作、教育研究工作三大任务模块的实践性课程。这些工作任务与前述小学全科教师应具有的教育教学、科研创新、协调管理和学习应变能力结构基本匹配。建议按照工作任务划分实习板块，不同学年实训相应的工作任务，第一学年专攻课堂教学能力实训，第二学年专注教育管理能力实训，第三学年聚焦教育科学研究能力实训，最后一学年集中教育实习完成所学知识与技能的综合检验。如此优秀的实践课程能够模拟小学全科教师的工作流程和工作氛围等，帮助学生将原有的理论知识有效地迁移到具体的小学教育工作内容体系中，从而全面提升小学全科师范生的岗位胜任力和职业效能。

此外，搭建多样化的教学实践平台也是凸显实践教学模块课程实践性的不可或缺的环节。当前，小学全科师范生的教学实践平台主要是高校的模拟课堂教室和专门性的小学全科教师教学实践基地。模拟课堂教室存在场景上的虚拟性，不能带给小学全科教师以真实的教学实践体验。专门性的小学全科教师教学实践基地，存在时间和场地的限制，不利于实现教学实践的常态化。考虑到这些实施过程中的具体困难，建议师范高校充分利用现代教育技术，在原有实践平台的基础上，搭建线上线下联动的教学实践平台。线上方面，可借助网络技术建立教学实践交流平台，录制优质课例或 MOOC 等方式形成小学全科师范生实践教学资源库；线下方面，依托现有的模拟教室和实践基地等教学实践平台，与师范院校所在区域附近的小学形成良好的合作关系，借助区位优势形成常态化的教学实践平台。

二、设计满足小学全科师范生学习需要的管理制度

高校教学和学生管理制度作为调解学校与学生教育关系的规范体系，是构建现代大学制度的核心内容之一。改革开放以来，高校教学和学生管理的制度变迁经历了初步形成到法制化的过渡，这些管理制度未来将逐渐走向民主化、专业化和学术化（邱燕，2016；申素平，史三军，2018）。本书第三章调查数据证明了小学全科师范生在校期间对教学和学生管理制度的满意程度会影响其职业认同感。所以，师范院校应实施“以生为本”的教学和学生管理制度，增强小学全科师范生对小学教育专业学习的认同，通过出色的学业获得感以提高该群体对自身职业效能的认同程度。

（一）实施“以生为本”的教学管理制度

教学管理工作一直都是高校管理工作的重点，妥善高效的教学管理是高校教学水平的重要体现。众所周知，高校的根本任务是人才培养——立德树人，不难看出学生利益应是教学管理制度设计的根本和核心（杜芳芳，2013）。然而在管理实践中，因为泛行政化的影响、学生群体的利益表达诉求较弱和教学部门考评体系的僵化等原因，一些高校的教学管理制度忽视了“学生利益作为服务目标”的这一初衷（罗小涛，2015）。服务学生成长成才意识淡薄，导致部分小学全科师范生对高校教学管理制度持不满意的态度，直接表现为学习积极性降低。

大多数师范院校教学管理制度的执行部门集中在教务处，教务处工作人员的工作态度和工作方式是影响小学全科师范生对教学管理工作满意度的直接载体。首先，建议利用岗位说明书、教学管理任务书等形式明确教学管理工作人员的角色定位，改变原

有以高姿态自居的教学管理工作者的态度，彻底纠正行政推诿或者行政不作为的渎职现象。教学秘书等管理人员应树立“学生利益无小事”的观念，坚持学生事务处理放在首位的原则。其次，希望设置完善的意见反馈制度，畅通小学全科学生诉求的表达渠道。教学管理制度设计完成后，应当予以公示，倾听学生的意见，并定期听取学生对相应制度运行的评价，进而根据学生的意见予以及时改进。比如，通过网络匿名满意度调查征求小学全科师范生对考务管理工作的意见，将其评价结果作为衡量考务管理工作质量的关键指标，并建立以“学生满意度”为核心的考评体系，以提升小学全科师范生对教学管理制度的满意度。在“以生为本”的教学管理体制下，方能彰显小学全科师范生的主人翁地位，促使其在校期间可以潜心学业，钻研教书育人之道。

（二）推行“以生为本”学生管理制度

学生管理是高等教育管理的重要内容，关系到师范院校育人目标的实现和学生权利的保障。针对当前一些师范院校对小学全科师范生的管理制度理念落后、机制僵化的困境，建议这些高校及时摒弃陈旧的管理观念，做到从“管理者本位”到“学生本位”的转变（尹红，肖化柱，王江海，2012），实施从“外部控制”到支持学生“自我建构”的组织变革，以增加小学全科师范生对学校理制度的满意感。

比如，与小学全科师范生直接相关的学生工作管理制度继续优化。具体而言，需减少重复、低效、无实质意义的各类花哨时髦的学生活动，解除设置过多与毕业所需学分挂钩的外部限制条件。否则，将导致其花费大量课余时间被动参与，占据其进行课外阅读、专业实践的时间，进而学业成绩不理想而怨声载道。师范院校学生工作管理部门在举办学生活动时，严把学生活动质量和意义关，以是否有利于学生成长成才为出发点，并尊重小学全科师范生的参与意愿，实现其对学生活动积极的自我建构。

三、运用适应互联网+时代背景的教育教学方法

随着信息时代的不断发展，“互联网+”背景下学生的学习方式发生了一定的改变，影响大学生思想品德发展的因素陡然增多，这给从事高等教育的教师带来了一定的机遇和挑战。为了提升“互联网+”背景下小学全科师范生的专业认同以及职业认同感，需要及时创新专任教师的教学方法，并升级辅导员的教育辅导方法。

（一）辅导员教育方法升级

辅导员是学校为学生提供服务的实施者之一，主要承担大学生思想政治教育、职业规划教育、就业创业指导、心理健康咨询等工作。由于小学全科师范生就业定向区县农村学校，其对自身专业与职业之间的匹配度、教师职业角色和价值等方面的认知与其职业认同感形成息息相关，故辅导员将工作重点更多放在对该学生群体的职业生涯规划领域。而且，辅导员教育辅导的方法也不能只停留在面对面谈心谈话、组织年级大会讲解等古老的手段，应充分利用网络技术甄别小学全科师范生遇到的各种困扰，及时追踪观察其心理和行为动态。

有研究表明师范生的职业能力成熟度随年级增高而不断提高，而职业态度成熟度和职业认同感总体都处于一种较低水平，而且非师范生的职业成熟度显著高于师范生的职业成熟度（陈利君，李炳煌，2015）。因此，即使小学全科师范生的未来职业已经确定，但在这类师范生的心中却不一定十分认同，需要进行职

业生涯规划。辅导员在对小学全科师范生开展职业规划的第一步是协助其端正入学动机，特别是关注那些因为“成绩限制下的无奈选择”“父母或亲友的建议”“减轻家庭经济负担”或“获得一份稳定的工作”等动机选择入学的学生。端正入学动机之后，应根据每位小学全科师范生的人生理想和实际条件，为学生提出合理规划自己职业生涯的建议。例如，搭建基于互联网的职业生涯规划交流平台，让学生在线上交流自己所学、所思，通过思维的碰撞形成小学全科师范生具有鲜明个人特色的职业生涯规划，并邀请一线知名小学教师和教育专家学者进行在线直播式、互动式指导，帮助小学全科师范生建立积极、面向未来的职业认知。

（二）专任教师教学方法创新

21世纪是在线教育技术大发展的信息时代，获取专业知识不再如从前信息闭塞时期那么艰难，高校教师的教学面临着前所未有的挑战，碎片化的学习方式逐渐成为大学生学习的主流。这意味着仅仅依赖以往传统的课堂教学方式——讲座式的讲授，可能难以取得优质的教学效果。专任教师是师范院校培养小学全科师范生扎实教育知识与技能的先锋，在某种程度上能否培养出“眼里有光、内心向阳、脚下有路”的小学全科教师，专任教师的教学技能起到了关键作用。有实证研究证明，专业课教师的教学方法直接关系到师范生的学习兴趣和效果（孙睿君，沈若萌，管浏斯，2012）。因此，专任教师需要创新自身的教学方法，以适应互联网时代小学全科师范生的学习需要。

“学习是体验为主的智慧建构。”根据皮亚杰的个人建构理论和维果斯基的社会建构学习理论，学习的发生是在“做中学”，教师应以“学”定“教”，在“教”中“学”（张艳，张立鹏，

2018）。因此，建议专任教师在课堂教学中引入更多建构主义教学模式，如讨论式教学、问题式教学、任务式教学、随机通达教学、合作式教学、交互式教学等，帮助小学全科师范生用多种方式主动建构知识。具体实施途径可以结合线上、线下混合教学的优势，此时课堂不再是安静有秩序的，而是呈现出看似非线性、复杂性及无序的状态，然而当小学全科师范生觉知自己深度卷入进行自我建构时，学习就会悄然发生。在建构主义教学模式下，师生、同伴之间的交互建构，也将对学习效果发挥独特的作用。最近包志梅（2020）通过对全国 4 461 名本科生的调查分析发现，同伴关系对本科生的学业表现兼具显著的正向效应。专任教师教学方法变革之后，小学全科师范生将不再拘泥于“教师、课堂和书本”为中心的传统学习模式，而会逐渐习惯“学习者为中心”的新兴学习模式，成为自己学习的主人，学会管理自己的学习；在学习过程中有决策权，能主动参与专业学习目标的建构，从而深化其对现在所学专业以及对未来将从事职业的认同。

第三节　职后支持与小学全科教师职业认同感

小学全科教师的职业认同感是一个动态发展的过程，职后培育对小学全科教师的职业认同感的养成具有十分重要的作用。本书第二章的深度访谈以及第三章开放式调查的结果中，那些数据已经阐明了学校环境对教师职业认同的提高至关重要。正如格式塔学派心理学家勒温的心理场论指出，一个人所能创造的绩效，不仅与他的能力和素质有关，而且与其所处的环境（场域）有密切的关系（俞国良，2015）。小学全科教师供职的学校环境反映了个体所在“工作空间”的特点，它会以团体动力的方式，有效地影响着小学全科教师的心理和行为。除了乡镇、农村小学这个工作宏观背景本身，由处于该场域中的个体组成的微观环境，像师生关系、同事关系以及由此组成的团队发展风气等也会影响小学全科教师的职业认同感。

一、激发群体士气，营造和谐组织气氛

学校组织气氛作为一种组织环境，由校长行为、教师行为、学生行为交互影响所产生，主要表现为管理气氛、人际气氛、教学气氛等几个方面。这种组织气氛的优劣，对身处其中的教师的组织承诺、组织效能、工作绩效有着重要的影响（田宝，赵志航，2006；潘孝富，秦启文，谭小宏，2006）。如前期调查结果提示，对于小学全科教师而言，学校整体文化风气，同校教师之间的关系，所教班级的氛围这些来自小学的心理因素对其职业认同感的发展有一定的影响。

（一）营造民主的管理气氛

小学教育实践中常会涉及一个争论：一群优秀的教师和一个位优秀的校长，对于一所小学哪个更重要？对于这个问题的回答，教育理论界的研究结果也莫衷一是。事实上，不论这个问题的答案如何，都无法削弱教师对于一所学校的基础性价值，在某种程度上教师可以被视为学校的主人。因此，必须在民主开放的组织气氛中确保教师对学校重要决策的参与权，彰显教师的主人翁地位。同样，小学全科教师对学校管理、决策享有适当的话语权，能够为供职小学的校园建设建言献策，将利于增加工作满意度，进而提升其职业认同感。

在民主型的学校管理气氛下，小学全科教师对于学校和教师职业的认同是从内部产生的、积极的、具有创造性的认同。小学全科教师主动参与学校的管理，学校管理者的定位则是为教师教学和学生学习服务的人员。具体的措施如落实主要由一线教师组成的工会的实际权利和义务，充分发挥工会对学校教学管理、教师福利政策制定等建言作用，以此保障教师享有充分的参与学校建设的权利，让教师形成“学校是大家的，每个人在其中都有一份”的观念，形成民主开放的校园软环境，在这种环境的潜移默化下提高小学全科教师对本职业的认同。

（二）倡导和谐的同事关系

关系是中国人最重要的社会资本，和谐的人际关系对个体的生存与发展都有着不可忽视的作用。按照杨国枢对关系的分类（杨国枢，2004），工作情境中的同事关系属于熟人之间的关系，介于家人和陌生人之间，这种关系是一种混合关系，其对待原则是讲人情。“人情社会”几乎是学界公认的中国民众交往的显著特征，人情某种程度上可以理解成关系交换，同事关系便自然包含了“情感性”这种成分。大量研究早已证实，与同事良好的关系有助于个体绩效的提升和自我效能感的增强，与领导良好的关系对个体的晋升速度、薪酬水平以及对组织的认同感和归属感有积极的影响（周文霞，潘静洲，庞宇，2013；景丽珍，杨贞兰，2013；李敏，2016）。推及小学教育行业，小学全科教师之间的合作文化有利于发展教师对教学的积极态度，小学全科教师很容易将所在学科的同事视为参照群体来建构自己的职业认同。

然而，已有一些不融洽的同事关系描述出现在前期针对小学全科教师的访谈中。有受访者提及一些在农村小学工作多年的中年教师，轻视充满工作热情、看重专业发展的青年教师，以消极悲观的从教经历误导其放弃工作上的努力，甚至对不听从其劝诫的教师给予故意排斥、污名化等行为，使初入职场缺乏人际资本支持的小学全科教师举步维艰、饱受排挤，这种同事关系极大伤害了其对自身认同的职业情感。此外，部分具有管理身份的教师与普通教师之间的关系不协调，也使得小学全科教师在教育学生时感到压抑的氛围。不言而喻，学校有必要倡导“共生、共赢、共享”的人际理念，维护好各类教师之间和谐的关系，为小学全科教师顺利开展工作创造人际条件。比如，学校领导要努力让小学全科教师主观上感知同事间的关爱、善意，如此才会产生相互适应同事的需要、体谅同事的难处等行为，促进彼此在工作适宜上的合作与支持。而且，学校领导还应主动关心小学全科教师的工作、学习和生活，倾听他们的意见、建议和要求，尽可能地帮助他们在教学和生活过程中遇到的困难等等，使其在和谐的同事氛围中心情舒畅地工作。

（三）鼓励友爱的班级氛围

班级氛围作为校园社会心理环境的重要组成部分，是指班级的和谐稳定程度，常常有积极互动、频繁冲突等不同表现（Gazelle, 2006）。这些差异化的群体表现集中发生在课堂，影响学生学习和教师教学效果。教师的职业认同状况会受到课堂经验的制约，而且由教师和学生之间的互动关系形成的班级氛围会持续地影响教师认同的发展。相比之下，经验丰富、师生关系良好的教师似乎更易对职业相关层面持积极的看法，这就能解释一些研究证明教师职业认同很大程度上是跟学生不断对话的结果。

由于当前我国基础教育评价不同程度地存在唯分数论的客观

现实，大多数教师被迫将大部分精力投入关照学生考试成绩，较少倾注时间在学生凝聚力等班级氛围领域，导致校园内一些班级成员欺负行为的发生。虽然欺负行为的攻击性较低，但由于广泛存在于世界各地中小学中，对儿童青少年身心发展有着潜在的健康危害效应（张喆，史慧静，2014）。尤其是小学全科教师基本都承担着班主任工作，遇到所教学生中留守儿童居多，他们往往缺少来自父母的细心教导，更容易出现校园欺负行为。已有研究表明，充满凝聚力、和睦友爱的班级氛围有利于减少校园欺负行为，改善这些学生的社会适应能力。比如，李丹、宗利娟和刘俊升（2013）对上海市的中小学调查发现，与消极的班级氛围相比，积极的班级氛围能够弱化外化行为问题，即积极的班级氛围对外化行为问题学生具有一定的保护作用。另一项关于小学生的调查结果显示，学生感知的班级人际和谐氛围与亲社会行为显著正相关，与羞怯敏感性行为显著负相关（陈斌斌，李丹，2009）。因此，学校可以通过设置物质奖励、荣誉称号等正强化措施或者将班级氛围纳入常态化的教师职业成就评价机制，引导教师的工作朝塑造积极的班级氛围方向着力，而不仅仅关注学生的学业成绩。小学全科教师可以在友善的班级氛围打造工作过程中，增进师生平等对话，收获良好、真诚的师生关系，从而提升其职业认同感和幸福感。

二、改善教学条件，落实教师薪资待遇

除了上一个部分提到小学应提供一个比较民主、开放、和谐的心理环境，同样，物理环境条件也是访谈中被多数小学全科教师职业认同感谈及的诉求之一。相比城区的小学教师，农村小学教师所能利用的教学条件比较落后，教师所获工资收入、福利待遇也有较大差距。这些差距既阻碍了农村孩子向上流动（王兆鑫，2019），也是农村小学难以吸引优秀人才长期投身教育事业，无法建立高度职业认同的重要外部因素。因此，在国家推行义务教育均衡发展的大背景下，缩小基础教育资源、教师薪资待遇的城乡差距也是应有之义。

（一）升级小学教学硬件设施

《国家中长期教育改革和发展规划纲要（2010—2020 年）》指出，推动义务教育均衡发展，根本措施在于推进义务教育学校标准化建设，均衡配置教师、设备、图书、校舍等资源。虽然近十年来加大了农村学校基础设施建设的投入，但是在农村小学的这些教学硬件设施依旧延续着十分落后的客观现实，如杨道宇和姜同河（2011）以黑龙江省基础教育为调查对象，结果显示城乡学校“教学媒体”在计算机、多媒体教室、互联网三个方面存在配置不均衡问题。再如，凡勇昆和邬志辉（2014）基于东、中、西部 8 省 17 个区（市、县）的实地调查分析发现，绩效工资、生均用地面积、计算机配置、生均图书册数和多媒体套数等维度仍然存在城乡显著性差异。因此，均衡教学仪器设备数量和质量、推动现代教育信息化水平仍然还是基本公共教育均等化建设的重点，尤其是“互联网 +”教育信息化的现实背景，给升级农村小学教学条件提供了良好的机遇。

根据一线小学全科教师对其供职学校的实地观察，亟须改善的硬件设施集中在功能性教室和多媒体配备两个方面。因此，建议小学应着力建设音乐教室、美术教室、卫生室、综合实践（劳技）室、科技活动室、体育器材保管室等基础教学场地。同时，保证教学多媒体设备如计算机、投影仪、幻灯展示台、录像机、电子白板等现代教育技术不可缺少的工具齐全；而且，提供给教师基本满足需要的办公条件。通过上述学校教学条件的改善，给小学全科教师创建一个良好舒适的教学环境，进而增加小学全科教师的教学效能感。

（二）公平考核小学全科教师绩效

本章在政策导向部分已经阐述了国家层面对教师工资待遇政策的改进措施，但是教师绩效工资的具体考核办法是由各个小学依据校情细化实施方案，部分基层农村学校执行过程中存在一些有失公允之处。如宋洪鹏和赵德成（2015）基于绩效管理的视角，总结出中小学教师绩效考核存在过分注重绩效考核的管理性功能、考核指标过于注重结果、考核各主体之间缺乏协商对话、数据收集方法具有一定的主观性和片面性等问题。宁本涛（2020）又补充了中小学教师绩效考核指标设置、绩效工资经济激励单一性等方面的不足。由此可知，教师绩效考核执行中的这些偏颇引起了不少一线小学教师的不满，甚至造成学校管理干部与教师之间的对立。

小学全科教师作为入职不久的新手教师，迫于初出茅庐的现状自然只能任由学校管理人员核算绩效，更能感受到绩效考核中的明显不公，严重影响了小学全科教师的职业价值认同。前期访谈中有一些小学全科教师提到：“分配任务时，特别是没人愿意接的课程，总派给我们这些年轻老师，理由是我们是全科，应该什么都会；但是计算工作绩效时就想不起我们的工作付出，感觉累死累活的工作却没有得到相应的回报。”面对这些问题，建议学校首先要树立发展性评价理念，以改善教师的工作能力、促进教师专业发展为目的，而不是专注于绩效考核的奖惩性功能。故对小学全科教师的绩效考核指标，应立足于该群体未来的专业发展，而不只是关注某项工作结果的不尽人意之处，再无后续指导改进机制。其次，通过广泛征求教师意见、多元评价主体平等协商绩效考核的具体指标及其权重，以增加实施绩效考核的科学性和合理性。尤其是同时承担跨学科教学、班主任工作、教育扶贫工作等多项工作任务的小学全科教师，不仅要全面收集其工作数据、肯定其工作价值，还可以在绩效考核指标权重上适当倾斜，给其他教师替代性强化和引导。再次，保证绩效数据来源的真实性、全面性。以往绩效数据大多源自个人述职会和民主评议会，但运用这些公开表达自己和评价他人绩效方式往往会出现教师放大自己的优势，或者处于自保的考虑不表达真实的意见等偏差，故建议学校不妨采用如访谈法和问卷法向教师本人、同事、学生以及家长等多种利益相关者收集信息，通过多种信息的三角互证，提高考核的信度和效度。

三、推动协同教研，打造金牌师资团队

在中小学教师的专业发展过程中，学校的支持作用举足轻重；相反，教师个体取得较好的专业发展也可以支撑学校的长远发展。换句话说，教师的专业发展与学校的生存发展之间存在一种共生共赢的关系。长期以来，小学教师专业发展中的重要领域——教育科学研究被视为短板，不仅无法与中学教师媲美，更不用说与高校教师对比。在芬兰这样小学教育质量位居世界前列的发达国家，研究型小学教师是该国对小学教师的基本定位，该教师群体为芬兰小学教育取得世界领先的成就贡献了关键力量。不难看出，小学教师的教研能力对职业效能有一定的正向促进作用，小学教师科研日益成为教师专业发展的主要模式，而教师合

作环境与共同体的构建被认为是教师科研得以成功的关键（王晓芳，2014）。接下来，将从团队建设和平台搭建两个角度提出提升小学全科教师教研能力，进而深化其职业认同感的策略。

（一）建立小学全科教师专业共同体

教师之间进行有效的专业合作，以促进教师的持续学习和成长，是教师专业发展的重要途径。目前，被教育界广泛认可、推崇的有效合作方式即建立教师专业共同体。专业共同体是以教师个体在教育教学实践中所遇问题为纽带，以平等的协商对话为手段形成的一种民主开放的学习型组织（王凯，2014）。虽然专业共同体是个西方舶来的概念，但在重视教育实践中也能找到这一概念的部分表现形式，如教研组教师的集体教学研究活动。传统的教研组因难以突破行政性和专业性不足等问题常被教师群体诟病，难以为教师专业发展提供有效的合作途径。而教师专业共同体既具有组织的特征，又超越组织成员之间的行政束缚、利益关系；成员专业性极强、异质互补、同质共进，为实现共同明确的专业目标而资源聚集。因此，小学着力推动教师专业共同体的建设，是促进小学教师专业发展的可行途径，有利于这些教师更加认同自身的职业角色。

实践中，我国小学全科教师从事教育科研活动主要表现为两种形式：一是校本教研；二是教育科研或课题研究。校本教研方面，如集体备课、听评课、公开课等集体活动，小学全科教师能够在这些集体活动中进行一些实践分享和反思，主要是围绕改进教师教学效果和学生学习效果而展开。但是小学全科教师从中获得专业成长有一定的局限性，如科研素养方面的支持比较少。故建议以小学全科教师这一特殊身份，建立跨学科教学研究的专业共同体。这些共同体可以是松散的实体组织，如小学全科教学课题组；也可以是基于网络的虚拟团体，比如网络社区中的信息交流、共享和反思合作。

（二）打造小学全科教师协同创新平台

研究表明，以往单纯依靠教师自发组织的教研活动效果常常不尽人意，难以满足教师专业发展的需求。例如，张紫薇（2014）调查山西省小学教师合作教研的现状，结果显示39.1％的教师认为活动大多是布置任务、缺乏深入探讨，26.9％的教师认为平时组织的听课活动缺乏明确的研究目的，20.8％的教师认为教师开展合作教研主要以应付考试为中心，还有13.2％的教师指出合作教研活动中理论学习偏离课堂实际。从这些数据可以看出，现实中教研活动形式化、不深入是当前小学教师群体内部合作教研最普遍的问题。

因此，除了以人力资本为核心的小学教师专业发展共同体外，提升小学教师的教研能力也离不开促进高校合作的物质平台支撑。这些平台可以为小学全科教师提供研究技术、研究设备、高校专家智力支持等开展教育科研的必备条件。小学能够获得这些科研条件的最佳平台来自师范院校和教育研究院所，而这些机构也需要小学提供一线教育研究和教育实践场域。有研究者通过观察总结出高校教师和小学教师合作的感受，即高校教师在教育真实的情境中不仅感受到教育的生动与鲜活，而且对存在的问题分析并寻求解决；小学教师则为高校教师所带来的新鲜教育思想与理论，以及批判的态度和缜密的思维所震撼、折服（史俊，2013）。可见，高校与小学之间融洽的合作关系是有章可循、互利共赢的，小学主动寻求与高校之间的合作，是打造小学全科教师协同创新平台的可行途径。

首先，应明确高校和小学在协同合作平台中的不同角色。高校及其专家团队的角色是参与者与推动者，主要指导小学全科教师完善研究思路和方案、使用研究工具、共享研究成果等。小学及其教师在合作中充当被指导者向研究者的转化的角色，即提供一定的研究经费、所需的教学场域，将教研成果在教育一线中反复开展实践。其次，小学在协同创新研究过程中应营造共同发展的良好氛围。合作平台的运行氛围，关键在于两个不同群体中的核心人物沟通工作。他们在各自的群体中有一定影响力，负责阐明共同体的价值、观点和立场，能鼓励调动其他成员的潜能一起参与研究。于是，推动合作的小学校长需要在维持核心人物的工作热忱上下足功夫，尤其是合作的初期，尽量避免小学全科教师对于专家建议表面接受、内心抗拒的浅层合作，应以平和的心态真诚地接纳专家意见，努力使小学全科教师在协调创新合作平台中学有所获。

总之，小学作为全科教师长期工作的现实场域，是形成与发展其职业认同感最直接的推手。未来小学可从学校心理环境、学校物质环境以及专业发展平台三个方面做出一些努力，以期提升小学全科教师的职业认同感。

第四节　自我塑造与小学全科教师职业认同感

本章前三节分别立足于社会、高校和小学三个主体的视角，提出了培养小学全科教师职业认同感的策略。这些策略都是从外部对小学全科教师产生影响，激发、强化、延续其对职业价值、职业角色、职业情感和职业效能的认同。然而，对于小学全科教师职业认同感的培育，其内部因素也是不容忽视的，有时甚至起决定作用。本书第一章中梳理了教师职业认同的定义，分为自我概念说、共有特征说、意义建构说和综合体验说四种。无论是哪种定义，其定义主体都是教师，是根据教师对不同的情境产生的态度和反应进行提炼形成的。可见，从小学全科教师自我塑造角度分析职业认同感的培育机制，有利于职业认同感的内化，形成积极稳固的教师职业认同状况。回顾全书的脉络可知，第一章综述部分指明未来研究应重点考察人格因素对小学全科教师职业认同感的影响，第三章证实了积极人格特质对职业认同感的正向预测作用，都说明小学全科教师的人格塑造应是促进其职业认同感的必要途径之一。此外，教师本人也可以在职业生涯规划和专业素养磨炼两个方面进行自我塑造，增加自身的职业角色和职业效能的认同。故在此书的结尾部分详细阐述小学全科教师如何从上述三个角度进行自我塑造的。

一、涵养性格优势，匹配职业需求

性格优势属于积极心理学的核心概念之一，是通过个体的认知、情感和行为而反映出来的一组积极人格特质（张宁，张雨青，2010）。性格优势包含乐观、坚毅、善良、宽容等 24 种，归为智慧、勇气、人性、正义、节制和超越六大美德。本书前面部分的调查发现乐观坚定、善良宽容是小学全科教师的主要人格特质，而且还证实了小学全科教师的乐观、坚毅、善良、宽容四项性格优势与其职业认同感之间的正相关关系。这些结果可以理解成，乐观坚毅、善良宽容这些人格特质与小学全科教师职业之间存在比较高的匹配性。所以，小学全科教师主动塑造自身的这些品格，无疑是提升其职业认同感的可靠途径。

（一）小学全科教师乐观坚毅性格的自我塑造

乐观坚毅这种性格指向困难情境的积极心态和意志行为，帮助小学全科教师抵御工作中面临的艰苦教学条件、偏远区位条件等负面因素带来的疏离感、挫败感。由于农村小学教育工作的艰巨性和复杂性，肩负这项使命的小学全科教师必须竭力养成这种性格优势，否则不可能长期坚守在教学一线，更不可能做出显著的成绩。毋庸置疑，除了外部力量的助推，乐观坚毅性格需要靠自己在不断的学习和实践中去感悟、理解，进而逐渐内化形成和深化。也就是说，榜样学习法和亲身实践法是小学全科教师乐观坚毅性格自我塑造的可选途径。

榜样学习法方面，小学全科教师多数教龄较短，可以通过多与名家对话、多与教育历史对话，从深度阅读和观摩交流中吸收教育家丰富的精神营养，以陶冶自己的乐观坚毅性格。比如，观看并分析反映基础教育现实状况的纪录片，尤其是条件恶劣的偏远地区，学习其他国家和地区优秀教师比较合适的做法。又如，小学全科教师可以参加一些研学旅行，如观摩革命基地，给先烈扫墓，在缅怀革命先烈的时候接受心灵洗礼。亲身实践法方面，小学全科教师应利用每一次教育教学活动机会磨炼自己的意志，要在各种复杂的问题处理和艰难工作任务的完成中不断磨炼自己的意志，形成自己坚强的意志品质，以增加其职业效能的认同感。

（二）小学全科教师善良宽容性格的自我塑造

善良宽容性格更多指向小学全科教师的教育对象——农村小

学生，即为促进他们的健康成长所表示出的关爱、善意、大度。自省是人格塑造的内源性方式之一，这种方式具有深厚的传统文化积淀（汪先平，2013）。《论语》中便有曾子“吾日三省吾身”、孔子“见不贤而内自省也”的描述，朱熹等先贤也以这种方法陶冶情操和修养。当下实践中，自省这种方法既可以实现“立己”，又可以促进“达人”。

对于小学全科教师自己而言，倘若能对思想、工作、生活点滴及细节予以检视，客观地看待自我，清醒地查找不足，其意义并非止于忏悔，而在于超越自我，促进自我认知、自我完善，不断唤醒善意良知。另一方面，“千里家书只为墙，让他三尺又何妨”，安徽桐城六尺巷这一故事从一个侧面告诉我们，自省也利于宽容品格的形成，成就他人的同时救赎自己。凡事首先反省自己的不足并付诸改正的行动，往往会收到意想不到的效果。小学全科教师在实践中难免遇到调皮捣蛋、学习落后的学生，不妨先反思自己对其关心够不够，教学方法是否照顾到这类学生的需求。小学全科教师尝试改变自己的教育教学方法之后，可能那些小学生就变得天真可爱、孺子可教了，而教师自己也从此过程中获得了影响他人的成就感以及对教师职业价值的认同感。

二、规划从教生涯，深化角色意识

合理的职业生涯规划有利于小学全科教师加深对其职业价值的认识，促使教师本人为实现确立的职业目标做出有意识、有计划的努力，注入职业持续发展的动力。然而，现实中重视并执行职业生涯规划的教师少之又少，尤其是教龄越长的教师越表现出对职业生涯规划的忽视。如张斌和陈萍（2014）通过调查与分析得出，绝大多数中小学教师认为有必要进行职业生涯规划，但对相关理论的知晓度不高，对实施策略了解甚少，真正付诸行动的极少。相比而言，部分教师虽然有职业生涯规划，但这种职业生涯规划多是在外力作用下形成的，甚至是自上而下强加的，导致他们执行起来非常被动、消极（金连平，2010）。这些教师的积极愿望与实际行动之间存在相当大的距离，容易导致教师抱着“做一天和尚撞一天钟”的观念，不断机械地“重复昨天的故事”。因此，教师迫切需要通过理性分析自我、客观分析环境，完善短期和长期发展目标，实现自身的专业内涵不断丰富、专业结构不断改善、专业能力不断提升，最终达到促进教师职业角色的认同的效果。

（一）基于六年服务契约的短期职业规划

在本章第二节的职前培养高校层面，提出了帮助全科师范生做好职业生涯规划的策略，需要小学全科教师在职后根据实际工作状况进行必要的调整、细化和执行。根据小学全科教师与定向教育主管部门签订的协议，需要在辖区内小学服务至少六年。这六年既是小学全科教师教育教学技能从初步习得到娴熟自如关键成长期，也是其职业生涯中形成职业认同感的第一个加速期，故做好这六年的职业规划至关重要。

职业生涯是一个动态发展的过程，个体在不同年龄段会持不同的职业生涯观念。根据舒伯的生涯发展理论，生涯发展阶段分为成长（0～14 岁）、探索（15～24 岁）、建立（25～44 岁）、保持（45～65 岁）与衰退（65 岁以后）五个阶段；而金斯伯格认为个体的职业生涯发展分为幻想期（0～11 岁）、尝试期（11～17 岁）、现实期（17～28 岁）三个时期（奥西普，2010）。小学全科教师正处在舒伯所界定的探索和建立阶段，或者金斯伯格所言的现实期。这个阶段的小学全科教师在职业生涯中具有以下特点：刚进入就业市场，更重视现实，并力图实现自我观念，将一般性的选择转为特定的选择；生涯初步确定并试验其成为长期职业生活的可能性，若不适合则可能再经历上述各时期以确定方向；能够客观地把自己的职业愿望或要求、同自己的主观条件和能力以及社会现实的职业需要紧密联系和协调起来，寻找合适于自己的职业角色。

故建议小学全科教师制定最初六年的职业规划时，从时代需求、学校需求两个方面着手，提高其科学性和有效性。其一，小学全科教师职业生涯规划需要符合时代需求，此处所言时代需求既包含适应信息技术高度发达的现状，也涉及国家层面对农村基础教育规划的要求。相反，不考虑时代需求的教师职业规划不容易起到预期的作用。以往有些教师通过阅读几十年前的教学名师成长的心路历程，照搬其职业设想为自己所用，常常因难以坚持而半途而废。因为那些目标往往比较笼统，只适合当时传统的教育教学模式。其二，小学全科教师职业生涯规划应考虑学校需求，即教师的职业规划尽可能与所在学校的整体发展规划和要求相一致。现实中有些教师制订自己的规划时，从来不关心所在学校的发展定位，从来不关心学校对自己的期待。这样的职业规划制订出来后要么难以执行和实现，要么实现、执行起来困难重重、非常痛苦。一个切合学校发展愿景的职业生涯规划会使小学全科老师拥有更加充实、有效和快乐的职业生活。一般来说，小学全科教师的短期发展目标是成为一名符合时代需要和学校定位的优秀人民教师，职业规划主要分为课堂教学技能的提升、教育学生方法的改进以及教育研究能力的强化三个领域。

（二）立足终身从教意愿的长远职业规划

愿意终身从教是小学全科教师认同自身职业的最直接的表现。站在人生发展的角度，小学全科教师做好职业生涯规划必须重视专业发展需求和自我实现需求。因为终身的职业生涯规划的主体是小学全科教师自己，而不是其他任何个人或组织，职业生涯规划实质上是小学全科教师的“自我设计和安排”。虽然前述提到教师进行职业规划应考量时代和学校需求，但不能否认职业生涯规划是个体性与社会性的统一，个体的专业发展和自我实现需求才是直接影响小学全科教师职业认同感的内部动力。

具体而言，小学全科教师制定终身职业规划时应明确自己的职业理想和职业追求，弄清楚自己想成为什么样的教师，以便更充分、更准确地认识自己内心的需求，如提升教师的专业水平、职业效能和人生境界。小学全科教师的职业规划中，只有那些符合自身专业发展需要和自我实现需要的条目，才可能具有强烈的内驱力，不容易因一些困难而搁置，甚至荒废。就如一位追求平凡、简单就是最大幸福的教师，在职业规划中应减少像获得教学技能比赛一等奖等功利性、竞争性职业目标的设计。相反，一位希望自己享有辉煌功绩、荣誉人生的教师，在规划生涯时就适合设立各种荣誉清单作为阶段性目标。简言之，不论短期还是长期职业生涯规划，都需要实现个人成长与教育发展共振，教学与实践能力并举，职业理想与工匠精神并重（林启豫，2017）。小学全科教师在工作中找到自己努力的方向，能够展望自己的发展前景和工作成果，有利于其在教学过程中获得较高的成就感和自我效能感，进而提高其对职业角色的认同感。

三、磨炼专业素养，提升任职效能

前期接受调查的小学全科教师除了提到性格优势和职业规划对自身职业认同的作用，还强调了教师专业素养是增加其职业效能认同的重要抓手。教师专业素养是教师在先天条件基础上，经历养育、教育和实践等各种后天途径逐步养成，对教师的教育、教学活动有着显著影响的素质、修养、心理品质的总和（黄友初，2019a）。这里要探究专业素养的磨炼方法，必须先厘清“哪些要素构成了教师专业素养”。目前，国内研究者对中国教师专业素养的构成要素看法不一，比较典型的观点有教师知识、教师能力、教师情感、教师信念四因素（朱立明，马振，冯用军，2019），教师知识、教师能力、教师品格和教师信念四因素（黄友初，2019b），教学实践、教育理论、学科教学、专业意识、技术整合五因素（詹秀娣，郝勇，2018）。对比上述教师专业素养的成分可知，基本可以归入知识与能力、情感与信念两大类。故本书从这两个视角思考磨炼小学全科教师专业素养的策略。

（一）小学全科教师专业知识素养与专业能力素养的加强

社会发展和教育改革迫切要求小学全科教师树立终身学习的理念，注重提升自己的专业知识素养与专业能力素养。尤其是“互联网+”教育的大背景下，不断催生出各种新型的教育形态，智慧校园中教学范式、学习方式、教学环境、教育管理、评价模式发生了变革，倒逼教师专业素养的重构与蜕变（李兆义，杨晓宏，2019）。正如学者所言，对于教师而言，改变意味的不是被取代，而是更高的知识与能力的要求（蔡伟，2017）。

1. 培育小学全科教师的专业知识素养

在职小学全科教师专业知识素养提升主要依托以培训为主要

形式的继续教育。通过这种方式小学全科教师能了解最新的教育政策、教育理论和教学模式，能在积累一定教育教学经验后，更深入地思考自身的教育教学工作。虽然本章第一节已经从政策完善的角度指明了在职教师继续教育的实施偏差与解决建议，但是此处立足小学全科教师本人角度，提炼一些有利于加强其专业知识素养的措施。具体而言，小学全科教师需先树立开放包容的学习态度。比如，小学全科教师尽量避免陈旧经验及其形成的定势对专业知识学习的固化，自身更要善于打破思维定势，形成大胆尝试、真诚接纳、勇于创新的学习态度。有了这样的学习态度，小学全科教师在学习过程中应以具体问题为导向，按照诊断需要、确定目标、资源保障、学习成果、成果判定、学习反思这几个步骤来进行专业知识学习（高玉旭，2018）。以学科知识的在职学习为例，小学全科教师虽然在中小学阶段都曾系统学习过，形成了比较深刻的经验；此时应主动接纳知识的更新，并结合自身开展融合教学遇到的问题，在探究式学习中有目的地寻找解决之策。

2. 提升小学全科教师的专业能力素养

现实中，小学全科教师专业能力素养的强化依赖于反思与实践。教师的反思与实践过程，实质上是教师个人教育经验不断积累的过程，也是教师的教育教学问题解决能力不断发展与提高的过程。具体来说，小学全科教师可以通过反省和检查自己教学行为的有效性，及时修正原有的偏颇做法，再将新方式付诸教育实践；之后根据学生的学习效果重新反思与实践，经历多次反思与实践的螺旋上升过程后，建构更为精确、高效的融合课堂信息加工图式，从而提高融合教学的有效性。以小学全科教师的信息素养磨炼为例，实际教学中有些教师为迎合考评、追求创新而盲目使用现代信息技术，完全依赖多媒体设备，导致学生学习知识的过程完全被计算机取代，学生学习效果大打折扣。在这种情况下，小学全科教师就需要反思学生学习效果不佳的原因，从学生学习动机、教师教学模式、教室教学环境等多角度分析问题的症结；显然，很容易发现过分依赖计算机——人机分离式的教学模式是主要影响因素。初步反思之后，小学全科教师需要改变自己的教学模式，并尝试实践中将传统教学的精华部分与信息技术的应用进行有效融合，处理好主体与主导的关系，找到融合教学与信息技术最佳结合点。必须指出的是，任何一种专业能力素养的形成并非一蹴而就，需要小学全科教师经历“反思—实践”的反复磨炼。

（二）小学全科教师专业情感素养与专业信念素养的内化

应该看到，教师专业的水平不仅表现为外显的教学知识与能力，更体现在知识能力背后的教师情感素养、教师信念素养，而这些内在素养常常相互制约、相互促进。强化教师专业情感素养与专业信念素养是社会发展的现实诉求，也是教师专业化演进的理想追求。缺少专业情感素养和专业信念素养的教师，往往成为一个被奴役的人，一个客体的人，其教育世界也变得枯燥、单调、索然寡味。教学变得越来越技术化，越来越丧失创造性，使教师对意义的阐释空间越来越小，并日益沦为知识传输工具，失去了教育事业的精神意蕴。对于在教育行业中身处弱势地位的小学全科教师而言，内化专业情感素养和专业信念素养更为重要，这些素养与小学全科教师对其职业的认同及归属感密切相关，是其成长为卓越教师的内在动力。

1. 坚定小学全科教师的专业信念素养

在此，建议小学全科教师尝试使用自我强化法内化自身的专业情感信念，即通过反复体验唤醒小学全科教师的教育信念，使得这些教师从理智认知走向自我认知。比如，小学全科教师可以在每天教学工作结束之后，坚持撰写教学日志，主要记录值得自己纪念的、有意义的教育教学事件和感受，在描写愉快、新鲜、幸福的教学实践体验中增加对教书育人的信心，从而坚定自身从事小学全科职业的信念。这个写作过程中其实就是在与作为教师的自己进行深层次的对话，也是对自身专业信念的不断强化。教育界比较典型的例子如苏联的教育家苏霍姆林斯基、我国的教学名师李镇西等，他们都主动记录自己的教学日常点滴，在此过程中坚定了自己的教育信念，并形成了有影响力的教育札记《给教师的一百条建议》《爱心与教育》等。

2. 陶冶小学全科教师的专业情感素养

孟子说："得天下英才而教育之，三乐也。"说明教育学生是一件幸福的事情，幸福之源是学生，是学生的成长、是学生的理解、是学生的尊敬。故提出小学全科教师可以增进与小学生的情感交流，在师生交往中升华自己的专业情感，以体悟教师职业的价值感。教育史上，用真情投入、用真诚倾听、用真心尊重、能够与学生心灵沟通的教师，常常会给学生提供丰盈的情感环境，同时也滋养教师自身热爱学生的教育情怀。比如，我国小学教学名师窦桂梅立足讲台三十余年，把儿童成长当作最高荣誉，用自己的语文课堂燃起小学生内心深处的火焰，照亮他们的未来。她所倡导的构建基于儿童核心素养的"1 + X 课程"的育人改革，便是其了解学生、观察学生、关爱学生的有力印证。总之，只有对学生抱有真切的积极情感，才可能陶冶出真正喜欢从事小学教育工作的情感，把小学教育作为自己一生要追求的事业。

本章小结

这一章落脚到小学全科教师职业认同感的培养，分别论述了社会、高校、小学和教师四个视角的培育策略。社会层面的策略主要依靠各级教育主管部门完善教师政策导向，提升小学全科教师职业的美誉度和社会地位；高校层面的策略集中在优化小学全科师范生的培养模式，增加其对课程设置、管理制度和教育教学方法的满意度；小学层面的策略立足于组织气氛、薪酬待遇和协同教研平台的优化，创造利于小学全科教师开展教育教学工作的主客观条件；个体层面的策略关注小学全科教师性格优势、职业规划和专业素养的自我塑造，强化其对自身职业角色和职业效能的认知。

附录1　小学全科教师职业认同感深度访谈记录稿（节选）

访谈人员：那接下来呢，我们进入正题，因为我们的研究主题是小学全科教师的职业认同感，所以当您第一次听到，就是关于职业认同感的时候，你可以用自己的话描述一下这大概是什么东西吗？

ZYP：就是你觉得作为小学全科教师，在你的工作环境中，你有没有感到一种幸福，也会有价值，而不是那种感到很迷茫的那种状态，我感觉可能是这样。

访谈人员：我觉得您的解读非常正确，可能跟那个职业幸福感和职业成就感有一点类似。好的，我们初步了解一下职业认同感，您觉得职业认同感应该有哪些必备的要素呢，应该由几部分组成？

ZYP：我不晓得怎么去描述。

访谈人员：比如说从他的职业态度啊，或者他的教学责任感，在教学中的一些体会表现，这些都可以围绕着说。

ZYP：职业认同感就是对你的教学，你是否充满着一种激情，或者说对你的一个职业生涯有没有规划，有没有一定的目标，或者说你自己对在教师这个职业里，你认不认为它是一件有价值的事情。

访谈人员：我觉得您的解读很准确，从主观的感受来说，那外部条件的话会不会也有影响？

ZYP：我不知道。

访谈人员：比如说像教师的社会地位呀或者他的工资待遇，这些会不会影响他的职业认同感呢？

ZYP：你想说，它的影响因素是不是？

访谈人员：嗯。

ZYP：那我晓得了，那我觉得肯定啊，你从他的薪资待遇还有就是那个社会方面或者家长方面给予老师的一些评价或一些尊重，给老师的一种职业幸福感，然后还有就是每个行业它都存在一些阴暗面，但是呢你要看在你的那个环境中，在你的教学这个环境中，有没有这种特别阴暗的东西，会影响到一个老师的身心健康。然后就是我觉得这个环境也是很重要的，然后就是老师有没有一定的目标，如果他觉得没有一定的目标的话，可能他开始一两年，还觉得很认同自己是个老师，我要好好地教书育人，到了后面，他就感觉疲惫了，他觉得反正就是当成一个工作，而不是当成一份事业在做，我大概就是这种意思吧。

访谈人员：您刚才也讲了，内部外部都有影响，那就从刚才您说的这些，您觉得职业认同感它最重要的因素应该是哪一个呢？

ZYP：你自己是怎么思考这个职业的吧，我觉得还是自己，其他的都是“浮云”，你自己觉得这是一件有意义的事情，你都不会管其他人怎么说的，你也不用管别人对你的评价，特别是那个待遇就更不用说了，反正，我觉得，现在的老师待遇还行，这个应该是指自己吧，自己有没有一种认同，然后觉得自己就是有没有觉得那个职业有没有价值，就是这种自己的主观因素吧。

访谈人员：你可能就觉得自己的职业态度和职业意志，应该是很重要的，好的，那我们刚才就是已经对职业认同感可能有一定的了解了，那就是根据您现在自己所处的一个状况来看，您觉得自己的职业认同感水平怎么样呢?

ZYP：我觉得很好啊，我就特别认同。

访谈人员：那您可以稍微再具体地说一下吗?为什么您会觉得自己比较满意呢?

ZYP：可能和我这个人的个性相关，我比较乐观，虽然我分到一个地方感觉不是很好，是一个什么村里面，然后还是很高的高山上面，但是我自己就觉得挺好的呀，我觉得很满足了，而且因为是乡村，里面教学环境比较单纯，我觉得凡事看看它好的一面，现在这个环境已经这样子了，你为什么不想到它好的一面呢，我就这样想的，而且我自己的话，嗯，我还是蛮有规划的，我觉得一步一步规划再走吧，我还是觉得挺好的，而且我觉得，学校还有家长给我的评价也很好。

附录2　小学全科教师职业认同感深度访谈编码词典（节选）

编号	编码名称	材料来源	参考点	含　　义
1	成就感	12	17	教书育人给教师带来成就感
2	吃苦耐劳	1	2	教师工作能够战胜艰苦条件
3	充满正能量	2	2	全科教师充满正能量
4	创造性教学	5	5	全科教学需要创造性
5	内心认可	4	5	发自内心认为教书有意义
6	付出精力	6	6	愿意为学生投入时间
7	工作认真	17	25	认真对待教育教学工作
8	鼓励学生	2	2	鼓励学生努力学习
9	关爱学生	11	22	教师关心爱护学生
10	坚守岗位	12	16	即使遇到困境或诱惑，也不放弃

附录3　小学全科教师职业认同感量表题项

A1. 我发自内心认可自己是一名小学全科教师

A2. 小学全科教师角色已成为自我的重要组成部分

A3. 我乐意在公共场合提到自己的小学全科教师身份

A4. 我认为小学全科教师对学生的成长很重要

A5. 我感到小学全科教师对社会发展有重要作用

A6. 我觉得小学全科教师是最重要的职业之一

A7. 我向往小学全科教师的育人理念

A8. 陪伴小学生让我感到很快乐

A9. 小学生取得成功使我感到欣慰

A10. 我相信自己适合做一名小学全科教师

A11. 我能够胜任小学生的教育管理工作

A12. 我能够完成多学科融合的教学工作

A13. 我可以处理好小学教育情境中的人际关系

附录4　小学全科教师人格特质形容词检测表（节选）

以下有248个人格形容词，请判断每个人格形容词与小学全科教师人格特质的符合程度并打分。共有7个等级，从左到右分数依次为1～7分，如图所示：

1	2	3	4	5	6	7
完全 不符合	比较 不符合	有点 不符合	不能 确定	有点 符合	比较 符合	完全 符合

请您仔细思考，认真回答。打分时，请把等级分数填在每个人格形容词后面的括号内，例如：害羞的（　　），您认为“有点符合”小学全科教师的人格特质，就在括号内填上（5）。

踏实的（　　）	认真的（　　）	懂事的（　　）
知耻的（　　）	廉洁的（　　）	好胜的（　　）
大方的（　　）	高尚的（　　）	爱笑的（　　）
忠诚的（　　）	安分的（　　）	善良的（　　）
竞争的（　　）	小心的（　　）	积极的（　　）

严肃的（　　）	克己的（　　）	逞能的（　　）
出众的（　　）	侠义的（　　）	多才的（　　）
合群的（　　）	倔强的（　　）	势利的（　　）
机智的（　　）	挑剔的（　　）	节俭的（　　）
勇敢的（　　）	有为的（　　）	开明的（　　）
孝顺的（　　）	健康的（　　）	活泼的（　　）
细心的（　　）	守时的（　　）	时髦的（　　）
独立的（　　）	英俊的（　　）	虚心的（　　）
开朗的（　　）	慈祥的（　　）	自责的（　　）
可爱的（　　）	激进的（　　）	拘束的（　　）
客观的（　　）	贪婪的（　　）	恭敬的（　　）
真诚的（　　）	性感的（　　）	纯洁的（　　）
可靠的（　　）	稳重的（　　）	随便的（　　）
坚定的（　　）	贤惠的（　　）	大度的（　　）
顺从的（　　）	无私的（　　）	清高的（　　）
调皮的（　　）	害羞的（　　）	安逸的（　　）
宽容的（　　）	上进的（　　）	温柔的（　　）
干巴的（　　）	多欲的（　　）	外向的（　　）
文弱的（　　）	好奇的（　　）	憔悴的（　　）
潇洒的（　　）	感恩的（　　）	单纯的（　　）
天真的（　　）	粗野的（　　）	狠毒的（　　）
高雅的（　　）	消极的（　　）	变态的（　　）
多疑的（　　）	刻苦的（　　）	自尊的（　　）
偏激的（　　）	自夸的（　　）	随和的（　　）
尽职的（　　）	公正的（　　）	友好的（　　）

健谈的（　　）	内向的（　　）	果断的（　　）
畏难的（　　）	可敬的（　　）	骄傲的（　　）
满足的（　　）	能干的（　　）	完美的（　　）
聪明的（　　）	幽默的（　　）	狂妄的（　　）
坦率的（　　）	冷静的（　　）	泼辣的（　　）
懒惰的（　　）	多情的（　　）	快乐的（　　）
可怜的（　　）	自觉的（　　）	爱国的（　　）
诚实的（　　）	豪爽的（　　）	自信的（　　）
可笑的（　　）	善感的（　　）	正常的（　　）
坚强的（　　）	易怒的（　　）	尚武的（　　）

参考文献

Fessler R，Christensen J.(2005).教师职业生涯周期：教师专业发展指导.董丽敏，高耀明译.北京：中国轻工业出版社.

埃里克·艾里克森.(1998).同一性：青少年与危机.孙名之译.杭州：浙江教育出版社.

埃文·塞德曼.(2009).质性研究中的访谈：教育与社会科学研究者指南.重庆：重庆大学出版社.

艾娟，杨桐.(2016).幼儿教师职业认同、职业弹性对离职倾向的影响.教师教育学报，3(1):33～41.

安晓敏，曹学敏.(2017).谁更愿意留在农村学校任教——基于农村教师流动意愿的调查分析.湖南师范大学教育科学学报，16(4):12～15.

安雪慧.(2014).我国中小学教师工资水平变化及差异特征研究.教育研究，35(12):44～53.

包志梅.(2020).本科生学业成绩的同伴效应研究.中国高教研究，(6):25～31.

薄存旭.(2016).当代中国中小学校组织变革的价值范式研究.

北京：教育科学出版社，274.

鲍威.(2007).学生眼中的高等院校教学质量——高校学生教学评估的分析.现代大学教育，(4)：16～22.

鲍威.(2014).高校学生院校满意度的测量及其影响因素分析.教育发展研究，34(3)：22～29.

毕妍，蔡永红，王莉.(2016).绩效工资背景下教师薪酬满意度对学校绩效的影响.现代教育管理，(7)：88～93.

蔡莉.(2008).农村中学教师职业认同现状调查与分析.四川教育学院学报，(2)：66～69.

蔡其勇，卢梦丽.(2017).小学全科教师培养课程设计.课程.教材.教法，37(9)：108～114.

蔡伟.(2017).人工智能时代下的教师职业：一半或消亡，一半必发展.中国教师报，10(25)：15.

蔡永红，李燕丽.(2019).英国中小学教师工资制度及其对我国的启示.教育科学研究，(5)：72～77.

曾晓东.(2012).中国中小学教师发展报告.北京：社会科学文献出版社.

车丽萍，秦启文.(2016).管理心理学(第二版).武汉：武汉大学出版社.

车文博.(1988).弗洛伊德主义原理选辑.沈阳：辽宁人民出版社.

陈白鸽，张荣华，梁妙银等.(2017).小学教师心理资本对心理健康的影响：职业倦怠的中介作用.现代中小学教育，33(9)：78～82.

陈斌斌，李丹.(2009).学生感知的班级人际和谐及其与社会行为的关系.心理发展与教育，25(2):41～46.

陈国安.(2020).新师范教育的基本特征与系统重构.南京社会科学，(3):150～156.

陈辉.(2014).教师职业认同研究述评.现代基础教育研究，14(2):51～57.

陈利君，李炳煌.(2015).师范生的职业认同感与职业成熟度的关系及其启示.当代教育理论与实践，7(5):151～155.

陈琦，刘儒德.(2019).当代教育心理学.北京：北京师范大学出版社.

成刚，于文珊，邓蜜.(2019).教师激励对组织承诺的影响——工作满意度的中介作用.教师教育研究，31(3):61～69.

程翠萍，田振华，蔡娟娥.(2019).小学全科教师能力结构指标体系构建研究——以内容分析为视角.基础教育课程，(20):68～74.

程翠萍，田振华.(2019).小学全科教师的能力结构：国际经验与启示.外国中小学教育，(3):57～61.

程岭.(2013).西部农村教师的职业认同与个体特质、条件因素的相关研究——以甘肃省X县为例.基础教育，10(6):71～78.

崔丽丽，张志勇，李静.(2017).体育教师专业认同与社会地位知觉探析.北京体育大学学报，40(7):82～88.

崔丽丽，张志勇，李静等.(2017).高校体育教师的社会地位阶层与认同调查分析.体育学刊，24(4):116～119.

邓长莉.(2018).农村小学教师职业认同现状的调查研究.(硕士)，兰州：西北师范大学.

董新良.(2012).中小学教师社会地位状况调查研究——以山

西省为例.教育理论与实践，32(1):24～28.

董张伊丽.(2007).性别角色研究：教师的身份认同.香港教师中心学报，(6):108～118.

杜芳芳.(2013).从控制到自主：学校教学管理变革的价值诉求.教育发展研究，33(22):81～84.

杜军.(2014).不同来源小学教师人格因素与职业认同关系的比较研究.上海教育科研，(7):37～40.

杜屏，谢瑶.(2019).农村中小学教师工资与流失意愿关系探究.华东师范大学学报(教育科学版)，37(1):103～115.

杜屏.(2018).完善中小学教师工资制度和保障机制，推进高素质教师队伍建设.华东师范大学学报(教育科学版)，36(4):40～42.

凡勇昆，邬志辉.(2014).我国城乡义务教育资源均衡发展研究报告——基于东、中、西部8省17个区(市、县)的实地调查分析.教育研究，35(11):32～44.

范晶晶，闫阅，张荣华.(2016).农村教师职业认同感的调查分析.现代中小学教育，(8):108～112.

范先佐，付卫东.(2011).义务教育教师绩效工资改革：背景、成效、问题与对策——基于对中部4省32县(市)的调查.华中师范大学学报(人文社会科学版)，50(6):128～137.

方明军，毛晋平.(2008).我国大学教师职业认同现状的调查与分析.高等教育研究，(7):56～61.

房保俊，陈敏.(2010).工科本科教学质量学生满意度影响因素分析.高等教育研究，31(6):78～83.

甫玉龙，刘杰，鲁文静.(2015).马克斯·韦伯社会分层理论视角下的美国贫困原因剖析.中国行政管理，(4)：134～139.

付卫东，曾新.(2010).义务教育教师绩效工资政策实施与分析——基于中部四省部分县(区）的调查.教育发展研究，30(21)：16～21.

付雨.(2016).小学教师心理资本在职业认同与职业倦怠间的中介作用.中国校外教育，(29)：138～139.

高慧斌.(2016).中小学教师职称制度改革特征与现状分析.教师教育研究，28(6)：25～31.

高慧斌.(2017).乡村教师职称(职务）评聘制度演变及改革策略.当代教育科学，(1)：17～21.

高汝伟.(2018).基于苏霍姆林斯基情感教育观的师范生乡村教育情怀培育.中学政治教学参考，(33)：93～96.

高晓敏，刘岗.(2011).幼儿教师职业认同、社会支持与离职倾向的关系.吕梁学院学报，(4)：71～74.

高艳，乔志宏，宋慧婷.(2011).职业认同研究现状与展望.北京师范大学学报(社会科学版)，(4)：47～53.

高玉旭.(2018).中小学教师专业知识素养的提升路径探析——基于诺尔斯成人学习理论的启示.教学与管理，(36)：48～50.

耿家先，吴瑛，孟繁莹等.(2017).校园足球教师职业认同量表的编制与检验.教育学术月刊，(6)：60～66.

龚少英，李冬季，赵飞.(2016).情绪工作策略对教师职业心理健康的影响：职业认同的调节作用.教育研究与实验，(4)：92～96.

顾明远.(2012).中国教育大百科全书：第一卷.上海：上海教

育出版社，600.

关荐，勉小丽，王雪玲.(2019).资源贫乏地区中小学教师职业认同和工作幸福感的关系.教学与管理，(3):20～23.

关文军，王阳.(2014).少数民族双语教师职业认同的结构和测量.北京教育学院学报，28(6):5～11.

管培俊.(2009).我国教师教育改革开放三十年的历程、成就与基本经验.中国高教研究，(2):7.

郭顺峰，田友谊，郑传芹.(2019).乡村振兴背景下小学全科教师角色和功能的重新定位.当代教育科学，(8):52～56.

郭玉霞，刘世闵，王为国等.(2009).质性研究资料分析：Nvivo8 活用宝典.台北：高等教育文化事业有限公司.

韩向前.(1988).国内外教师心理研究述要.心理科学通讯，(1):54～58.

韩延伦，刘若谷.(2018).教育情怀：教师德性自觉与职业坚守.教育研究，39(5):83～92.

郝福生.(2018).师范院校中教师教育者角色构成及其建构路径.教育与教学研究，32(6):36～41.

郝福生.(2017).从人性视角来审视乡村小学全科教师的培养问题.教育探索，(2):101～105.

何昭红，赖林，吕兆华等.(2016).边境地区中小学教师职业认同与职业倦怠：心理资本的调节与中介作用.广西师范学院学报(哲学社会科学版)，37(1):78～82.

侯明喜，曾崇碧.(2007).试论民初乡村小学教师的社会地位——以 20 世纪 30 年代四川为例.四川师范大学学报(社会科学版)，(4):115～121.

胡弼成，王祖霖.(2015).教师职业特征再认识.高教探索，(9):101～106.

胡芳芳，桑青松.(2013).幼儿教师职业认同、社会支持与工作满意度的关系.心理与行为研究，11(5):666～670.

胡洪强，刘丽书，陈旭远.(2015).中小学教师职业倦怠现状及影响因素的研究.东北师大学报(哲学社会科学版)，(3):233～237.

胡金生，黄希庭.(2009).自谦：中国人一种重要的行事风格初探.心理学报，41(9):842～852.

胡耀宗，严凌燕.(2017).义务教育教师绩效工资政策执行偏差及其治理——基于沪皖豫三省市教师和校长的抽样调查.教师教育研究，29(5):14～18.

黄希庭.(2014).探究人格奥秘.北京：商务印书馆.

黄友初.(2019a).教师专业素养：内涵、构成要素与提升路径.教育科学，35(3):27～34.

黄友初.(2019b).教师专业素养内涵结构和群体认同差异的调查研究.湖南师范大学教育科学学报，18(1):95～101.

蹇世琼.(2017).坚守还是离开？——特岗教师职业认同现状的调查研究.中小学教师培训，(9):18～21.

江净帆.(2016).小学全科教师的价值诉求与能力特征.中国教育学刊，(4):80～84.

江净帆.(2017).小学全科教师培养要解决哪三个问题.课程.教材.教法，37(7):100～105.

蒋开君.2015.教师教育中的“情”与“德”.现代大学教育，(4):69～73.

蒋科星.(2017).走向职级制：中小学教师职称改革新探.当代教育科学，(10):73～76.

蒋婷燕，何齐宗.(2018).论宽容的教育意蕴与启示.当代教育科学，(7):3～6.

蒋晓虹.(2012).教师职业认同程度和教师职业发展.东北师大学报(哲学社会科学版)，(1):231～233.

焦瑞超，李晔，袁晶等.(2015).教师的内隐职业认同与外显职业认同比较.教师教育研究，27(1):39～44.

焦炜，李慧丽.(2018).近十年来我国小学全科教师研究的回顾与展望.当代教育科学，(10):37～42.

金连平.(2010).中小学教师职业生涯规划：概念、问题及对策.上海教育科研，(9):13～16.

金梦.(2015).中小学教师职业认同、心理资本与工作投入的关系研究.(硕士)，南京：南京师范大学.

景丽珍，杨贞兰.(2013).同事关系对高校教师工作绩效的影响.高等教育研究，34(5):39～45.

康书豪.(2019).农村小学全科教师培养的调查与思考——以北部湾大学为例.新疆教育学院学报，35(2):40～44.

况红，夏泽胜.(2017).教师教育供给侧改革实践的成功案例——重庆第二师范学院开展农村教师继续教育“四聚焦”实践.中小学教师培训，(7):21～24.

赖允珏，李臣之，陈瑶等.(2018).中小学教师职业认同感及影响因素研究——基于深圳市宝安区的调查.教师教育学报，5(6):37～46.

雷洪峰，朱凌云.(2015).首都高校辅导员工作绩效评价研究——基于大学生满意度调研的分析.教育理论与实践，35(9)：37～39.

黎婉勤.(2017).教师资格考试改革：价值诉求及政策建议.河北师范大学学报(教育科学版)，19(3):88～93.

李春英，丛培江.(2011).中小学教师的职业认同与社会认同及其关联.教育探索，(3):118～119.

李丹，宗利娟，刘俊升.(2013).外化行为问题与集体道德情绪、集体责任行为之关系：班级氛围的调节效应.心理学报，45(9)：1015～1025.

李国珍.(2014).大学课程学习的满意度研究——以武汉市高校2500名高校大学生的调查为例.高等教育研究学报，37(1)：51～55.

李军，宋善炎.(2015).中国行业收入差距的影响因素分析.湖南大学学报(社会科学版)，29(3):90～94.

李俊佐，边仕英，姜廷志.(2019).民族地区小学全科教师培养建议.基础教育课程，(20):75～80.

李恺，罗丹.(2015).农村中小学教师流动问题实证考察——基于工作价值观、职业认同与流动倾向间关系的分析.中国农村观察，(4):83～94.

李玲，徐莉炜.(2016).课程与教学发展现状调查与对策研究——基于部分大学教师的问卷、教学观摩与笔谈分析.中国成人教育，(8):129～131.

李敏.(2016).同事关系对个体工作绩效的影响：基于中国情境的实证研究.苏州大学学报(哲学社会科学版)，37(2)：124～134.

李铭磊，韩延伦.(2019).小学全科教师培养的再认识及其课程设计创新.现代教育科学，(9):98～101.

李倩，王传美.(2018).我国中小学教师职业认同研究的元分析.教育研究与实验，(4):93～96.

李廷洲，陆莎，金志峰.(2017).我国中小学教师职称改革：发展历程、关键问题与政策建议.中国教育学刊，(12):66～72.

李维，秦玉友，白颖颖.(2019).我国义务教育教师主观社会地位影响因素的实证分析.教育学报，15(4):80～87.

李晓丽.(2019).农村小学全科教师职业认同的培养策略.西部素质教育，5(16):227～228.

李笑樱，闫寒冰.(2018).教师职业认同感的模型建构及量表编制.教师教育研究，30(2):72～81.

李晔，董英，袁晶等.(2013).中小学教师职业认同的要素与测量.心理研究，6(1):87～92.

李颖.(2017).基于文化视角的农村教师离职影响因素调查.教育观察(下半月)，6(4):19～20.

李永鑫，高冬东，申继亮.(2007).教师倦怠与自尊、心理健康和离职意向的关系.心理发展与教育，(4):83～87.

李泽宇，李昱.(2011).加拿大教师资格认证制度及其对我国的启示.外国教育研究，(11):68～72.

李兆义，杨晓宏.(2019).“互联网＋”时代教师专业素养结构与培养路径.电化教育研究，40(7):110～120.

李壮成.(2009).农村中小学教师职业认同现状调查分析.河北师范大学学报(教育科学版)，11(8):86～90.

连榕.(2004).新手—熟手—专家型教师心理特征的比较.心理

学报，(1)：44～52.

梁福成.(2019).专业认证背景下师范生培养模式研究.天津师范大学学报(社会科学版)，(4)：64～68.

梁浩，王英杰.(2016).高校学生管理制度的价值取向、主体缺位与救济之道——基于学生主体的视角.现代教育管理，(2)：120～123.

梁进龙，崔新玲.(2011).中小学教师职业认同现状调查与分析.河北科技师范学院学报(社会科学版)，10(4)：120～124.

林琳.(2013).高校辅导员工作学生满意度测评体系研究.思想教育研究，(10)：84～87.

林启豫.(2017).基于优秀教师成长共性的职业生涯规划.教育评论，(9)：116～119.

蔺海沣，赵敏，杨柳.(2019).新生代乡村教师角色认同危机及其消解路径.中国教育学刊，(2)：70～75.

刘金平.(2018).义务教育阶段教师心理健康素质问卷的编制及其现状调查.河南大学学报(社会科学版)，58(5)：126～136.

刘敏，石亚兵.(2016).乡村教师流失的动力机制分析与乡土情怀教师的培养——基于80后“特岗教师”生活史的研究.当代教育科学，(6)：15～19.

刘胜男，赵新亮.(2017).新生代乡村教师缘何离职——组织嵌入理论视角的阐释.教育发展研究，37(2)：78～83.

刘炎欣，罗昱.(2019).教育情怀的哲学思考与内蕴阐释.教育探索，(1)：5～8.

刘炎欣，王向东.(2018).论教育情怀的生成机制和升华路径——基于文化存在论教育学的视角分析.中国人民大学教育学刊，(2)：130～142.

刘艳，伍远岳.(2020).课程整合视角下的小学全科教师及其培养.当代教育科学，(1)：48～53.

刘要悟，于慧惠.(2008).我国小城市中学青年教师职业认同现状研究——来自湖南5个小城市的调查.大学教育科学，(6)：47～54.

刘易斯·艾肯，加里·格罗思-马纳特.(2011).艾肯心理测量与评估.北京：中国人民大学出版社.

陆根书.(2013).大学生的课程学习经历、学习方式与教学质量满意度的关系分析.西安交通大学学报(社会科学版)，33(2)：96～103.

罗杰，周瑗，陈维等.(2014).教师职业认同与情感承诺的关系：工作满意度的中介作用.心理发展与教育，30(3)：322～328.

罗小涛.(2015).高校教学管理中服务意识的定位反思与制度重构.中国成人教育，(11)：33～35.

罗竹风主编.(1988).汉语大词典(11).上海：汉语大词典出版社.

马多秀.(2017).乡村教师的乡土情怀及其生成.教育理论与实践，37(13)：42～45.

马红宇，蔡宇轩，唐汉瑛等.(2013).师范生教师职业认同的内在结构与特点.教师教育研究，25(1)：49～54.

马巧玲.(2016).农村小学全科教师监护留守儿童的可行性研究.基础教育研究，(11)：29～32.

马香莲.(2017).中小学教师职称制度的问题及其对策.教学与管理，(19)：8～10.

马笑岩.(2015).宁夏农村特岗教师职业认同现状的调查研究.教学与管理，(6):38～40.

马英，洪晓楠.(2016).大学生对辅导员工作满意度的现状与提升——基于全国57所高校30000份问卷的分析.江西社会科学，36(11):238～245.

穆桂斌，张春辉.(2012).大学教师人格特质、职业认同与工作绩效的关系研究.河北大学学报(哲学社会科学版)，37(5):136～140.

宁本涛.(2019).打造高素质、有情怀、接地气的乡村教师队伍对策与建议——基于乡村教师职业认同的问卷调查与分析.人民教育，(17):40～43.

宁本涛.(2020).高中绩效工资制实施进展分析——基于东中西部13省高中的调查.华东师范大学学报(教育科学版)，38(1):73～84.

宁金平.(2014).职前教师角色认同培育的意义与策略.教育理论与实践，34(29):20～22.

欧阳慧琴.(2019).上海市初中教师职业认同现状与改善研究.(硕士)，上海：上海师范大学.

潘孝富，秦启文.2006.中学组织气氛与教师工作满意度的相关分析.心理科学，(1):185～188.

庞丽娟，杨小敏，金志峰.2019.乡村教师职称评聘的困境、影响与政策应对.教师教育研究，31(1):31～36.

蒲淑萍.(2015).免费定向农村小学全科教师培养的调查研究.基础教育，12(3):98～104.

蒲阳.(2016).教师职业认同及学校影响因素研究综述.宁波大

学学报(教育科学版)，38(5):75～82.

秦玲，邓李梅，邢喧子.(2019).农村小学全科教师专业发展的困境与出路.基础教育研究，(7):27～31.

秦奕.(2008).幼儿园教师职业认同结构要素与关键主题研究.(博士)，南京：南京师范大学.

秦玉友，曾文婧，许怀雪.(2019).绩效工资政策的预期实现了吗？——12省义务教育教师绩效工资实施状况调查.教育与经济，35(5):52～61.

邱燕.(2016).我国高校学生管理的制度变迁与趋势展望.教育与职业，(10):30～33.

曲恒昌，曾晓东.(2011).OECD国家中小学教师工资制度的逻辑基础.比较教育研究，33(2):22～26.

曲正伟.(2019).我国教师培训课程资源建设的现存问题及政策框架.教育科学研究，(1):76～80.

塞缪尔·奥西普.(2010).生涯发展理论.上海：上海教育出版社.

申素平，史三军.(2018).改革开放40年我国高校学生管理制度的演变与发展.中国高等教育，(24):12～15.

史静琤，莫显昆，孙振球.(2012).量表编制中内容效度指数的应用.中南大学学报(医学版)，37(2):49～52.

史俊.(2013).高校专家与小学合作教研的尝试与反思.当代教育科学，(18):40～42.

史秋衡，古尔扎·阿里·沙阿布哈里.(2015).巴基斯坦大学生满意度的实证研究.教育研究，36(6):124～135.

宋广文，魏淑华.(2006).影响教师职业认同的相关因素分析.

心理发展与教育，(1)：80～86.

宋洪鹏，赵德成.(2015).把脉中小学教师绩效考核——基于绩效管理的视角.中国教育学刊，(8)：92～95.

宋秋前.(2014).我国本科学历小学教师培养存在的问题与解决途径.教育发展研究，33(10)：57～62.

宋晔，郭强.(2014).全科教师：小学教育的应然之路.河南教育学院学报(哲学社会科学版)，33(4)：67～69.

宋之霞.(2012).大学生对辅导员工作满意度的调查.高校辅导员学刊，4(1)：65～69.

宋志英，范立刚.(2020).安徽省乡村中小学教师心理资本现状及影响因素.安庆师范大学学报(社会科学版)，39(2)：112～118.

孙利，佐斌.(2010).中小学教师职业认同的结构与测量.教育研究与实验，(5)：80～84.

孙利.(2011).中小学教师职业认同：测量、特征与关系模型.(博士)，武汉：华中师范大学.

孙睿君，沈若萌，管浏斯.(2012).大学生学习成效的影响因素研究.国家教育行政学院学报，(9)：65～71.

孙晓娥.(2011).扎根理论在深度访谈研究中的实例探析.西安交通大学学报(社会科学版)，31(6)：87～92.

孙晓娥.(2012).深度访谈研究方法的实证论析.西安交通大学学报(社会科学版)，32(3)：101～106.

汤国杰，高可清.(2011).普通高校体育教师职业认同量表的信效度分析.杭州师范大学学报(自然科学版)，10(3)：285～288.

汤国杰.(2009).普通高校体育教师职业认同理论模型构建与实证研究.北京体育大学学报，32(3)：98～101.

唐玉生.(2020).基于考生反馈的高校招生宣传策略研究.湖南科技大学学报(社会科学版)，23(2):164～169.

田宝，赵志航.(2006).学校组织气氛对教师组织承诺的预测效应.心理发展与教育，(3):87～92.

田振华.(2016).小学全科教师培养模式的研究与思考.天津师范大学学报(基础教育版)，17(4):54～57.

汪传艳，雷万鹏.(2017).农村中小学教师收入“中部塌陷”现象的实证研究——基于全国7省21个县123所学校的调查.西南大学学报(社会科学版)，43(4):88～94.

汪明，全景月，王梦娇等.(2015).中小学教师心理资本与教师职业倦怠关系研究.基础教育，12(2):60～71.

汪明.(2015).高校青年教师心理资本、职业倦怠研究.当代青年研究，(6):59～63.

汪先平.(2013).小学教师专业性格的特征及塑造.教学与管理，(21):57～58.

王炳明.(2017).乡村教师队伍建设的政策分析——基于湖南省泸溪县落实《乡村教师支持计划》的案例研究.中国教育学刊，(2):35～40.

王超.(2014).教育爱：师爱中的高贵“谎言”——兼论尊重与理解应是教育之底线.大学教育科学，(04):64～69.

王芳.(2018).基于分层线性模型的大学生教学满意度影响因素分析.复旦教育论坛，16(1):48～55.

王钢，张大均.(2014).幼儿教师职业压力对职业认同的影响：应对方式和心理资本的作用.西南大学学报(自然科学版)，36(10):157～163.

王凯.(2014).试论中小学教师专业发展共同体建设路径.当代教育科学，(22):53～55.

王乃一，何颖.(2014).免费师范生就业满意度调查及其思考——以华东师范大学为例.教师教育研究，26(2):65～71.

王强.(2017).中美中小学教师薪酬激励制度比较研究.教师教育研究，29(5):96～100.

王晓芳.(2014).探究、专业学习与实践：西方中小学教师科研共同体的概念框架之研究述评.外国中小学教育，(12):40～47.

王鑫强，曾丽红，张大均等.(2010).师范生职业认同感量表的初步编制.西南大学学报(社会科学版)，36(5):152～157.

王鑫强，肖明玉.(2013).免费师范生与一般师范生的教师职业认同感结构及特点比较.西南师范大学学报(自然科学版)，38(10):100～106.

王艳玲，吕游，杨菁.(2017).西南地区乡村教师流动及流失意愿的影响因素分析——基于对云南省昆明市3区县1 047位教师的调查.教师发展研究，1(4):7～14.

王兆鑫.(2019).不平等的童年：农村孩子向上流动中教育公平的文献综述.少年儿童研究，(8):44～55.

王振宏，李彩娜.(2011).教育心理学.北京：高等教育出版社.

威廉·詹姆斯.(2019).心理学原理.方双虎等译.北京：北京师范大学出版社.

韦嘉，张春雨，赵清清等.(2013).中学生迷信信念量表信效度再验证.中国临床心理学杂志，21(6):968～973.

隗媛媛.(2015).贵州省小学教师职业认同的调查研究.(硕

士），贵阳：贵州师范大学.

魏宏聚.(2013).教育家核心价值：超越世俗的教育情怀.中国教育学刊，(1):8～10.

魏淑华，山显光.(2012).教师工作价值观与职业认同的关系.济南大学学报：社会科学版，22(2)，81～85.

魏淑华，宋广文，张大均.(2013).我国中小学教师职业认同的结构与量表.教师教育研究，25(1):55～60.

魏淑华，宋广文.(2005).国外教师职业认同研究综述.比较教育研究，(5):61～66.

魏淑华，宋广文.(2012).教师职业认同与离职意向：工作满意度的中介作用.心理学探新，32(6):564～569.

魏淑华.(2005).教师职业认同与教师专业发展.(硕士)，曲阜：曲阜师范大学.

魏淑华.(2008).教师职业认同研究.(博士)，重庆：西南大学.

魏显勇，胡浩，王京莉.(2019).关于重庆市首届小学全科教师职业价值认同状况的调查研究——以重庆第二师范学院为例.福建茶叶，41(9):205～206.

温艳红.(2009).成人高校教师职业认同现状调查与分析.继续教育研究，(1):42～45.

吴光勇，黄希庭.(2003).当代中学生喜爱的教师人格特征研究.教育研究与实验，(4):43～47.

吴明隆.(2010a).问卷统计分析实务：SPSS操作与应用.重庆：重庆大学出版社.

吴明隆.(2010b).结构方程模型：AMOS的操作与应用(第2

版).重庆：重庆大学出版社.

吴慎慎.(2002).教师专业认同与终身学习：生命史叙说研究.(博士)，台湾：台湾师范大学.

伍尔福克.(2015).教育心理学.北京：机械工业出版社.

武晓伟，郑新蓉.(2015).我国农村中小学教师性别结构的女性化——基于河北、云南、贵州三省的调查分析.教师教育研究，27(3)：86～92.

习近平.(2014).做党和人民满意的好老师——同北京师范大学师生代表座谈时的讲话.人民日报，9(10).

习近平.(2016).习近平在北京市八一学校考察时强调：全面贯彻落实党的教育方针努力把我国基础教育越办越好.人民日报，9(10).

夏征农.(1989).辞海.上海：上海辞书出版社.

咸富莲.(2017).美国加州全科教学资格认证对我国全科教师管理的启示.中小学教师培训，(1)：71～74.

肖其勇，郑华.(2016).农村小学全科教师培养供给侧改革研究.中国教育学刊，(12)：69～74.

熊红星，张璟，叶宝娟等.(2012).共同方法变异的影响及其统计控制途径的模型分析.心理科学进展，20(5)：757～769.

徐建平，张厚粲.(2006).中小学教师胜任力模型：一项行为事件访谈研究.教育研究，(1)：57～61.

徐新年.(2006).湖南省高校体育教师自我职业认同现状的调查与分析.(硕士)，长沙：湖南师范大学.

薛海平，唐一鹏.(2017).理想与现实：我国中小学教师工资水平和结构研究.北京大学教育评论，15(2)：17～38.

严玉梅.(2008).高校教师职业认同、工作满意度与离职意向的关系研究.(硕士)，长沙：湖南师范大学.

杨伯峻.(1960).孟子译注.北京：中华书局.

杨晨光.(2008).完善教师资格制度强化教育教学能力——访教育部师范教育司司长管培俊.中国教育报，4(30).

杨春艳.(2013).城市小学教师职业认同状况研究.(硕士)，长沙：湖南师范大学.

杨道宇，姜同河.(2011).教育资源的城乡不均衡分布——以黑龙江省基础教育为例.教育与经济，(1):19～24.

杨国枢，文崇一，吴聪贤等.(2006).社会及行为科学研究法(下册).重庆：重庆大学出版社.

杨国枢.(2004).中国人的心理与行为：本土化研究.北京：中国人民大学出版社.

杨既福.(2017).从身份到职业：农村教师社会地位变迁路径.继续教育研究，(9):60～62.

杨建锋，王重鸣.(2008).类内相关系数的原理及其应用.心理科学，(2):434～437.

杨玲.(2014).中小学教师职业认同的阶段发展论.教师教育研究，26(2):56～64.

杨小雨.(2018).中小学教师心理资本、职业认同与情绪劳动策略的关系研究.(硕士)，深圳大学.

姚翔，刘亚荣.(2018).义务教育教师绩效工资政策执行现状及其治理——基于29省市教育局长和督学的调查.现代教育管理，(8):86～91.

姚岩.(2018).乡村教师队伍女性化及其社会地位再生产——

以“农村义务教育阶段学校教师特设岗位计划”为例.当代教育科学，(5)：51～56.

叶怀凡.(2016).义务教育教师绩效工资政策的执行偏差与矫正.中国教育学刊，(4)：31～36.

叶菊艳.(2014).农村教师身份认同的影响因素及其政策启示.教师教育研究，26(6)：86～92.

尹红，肖化柱，王江海.(2012).中国高校学生管理制度的缺失与对策——基于权力来源视角.教书育人，(33)：9～11.

尹华站，苏琴，黄希庭.(2012).国内十年主观幸福感研究的内容分析.西南大学学报(社会科学版)，38(5)：100～105.

于大海，张燚.(2014).基于学生精神成长的高校学生管理制度导向性研究.黑龙江高教研究，(4)：40～42.

于慧慧.(2006).中学青年教师职业认同现状研究.(硕士)，长沙：湖南师范大学.

于兰兰，吴志华.(2011).农村教师职业认同现状调查及分析——以辽宁省为例.教育导刊，(5)：31～34.

余秋雨.(2012).中国文脉.武汉：长江文艺出版社.

余新，王婷.(2018).改革开放40年我国教师在职教育的回顾与前瞻.课程.教材.教法，38(7)：21～26.

俞国良.(2015).社会心理学(第3版) 北京：北京师范大学出版社.

詹秀娣，郝勇.(2018).“教师专业素养”视角下国家政策变迁述评——基于NVivo11的政策文本分析.中国电化教育，(10)：71～78.

张斌，陈萍.(2014).中小学教师职业生涯规划与专业发展调查研究.中国教育学刊，(7):74～79.

张楚廷.(2004).高等教育哲学.长沙：湖南教育出版社.

张虹.(2016).全科小学教师培养的地方经验及其反思.教育发展研究，36(10):46～52.

张鸿翼，李森.(2019).西部地区农村小学教师结构性缺编现状调查研究——基于川、渝、滇、黔等六省市区的实证分析.云南师范大学学报(哲学社会科学版)，51(3):100～109.

张金.(2019).小学教师职业幸福感的影响因素及其提升策略.当代教育科学，(7):52～54.

张晶.(2019).中小学教师职业认同对职业倦怠的影响研究.(硕士)，太原：山西财经大学.

张丽萍，陈京军，刘艳辉.(2011).农村教师职业认同问卷的编制.当代教育论坛(综合研究)，(9):10～12.

张丽萍，陈京军，刘艳辉.(2012).教师职业认同的内涵与结构.湖南师范大学教育科学学报，11(3):104～107.

张雳，王晶，李赛乔.(2015).基于教师专业标准的教师资格认证制度变革构想.教育探索，(7):114～117.

张敏.(2006).国外教师职业认同与专业发展研究述评.比较教育研究，(2):77～81.

张敏强.(2002).教育与心理统计学.北京：人民教育出版社.

张宁，张雨青.(2010).性格优点：创造美好生活的心理资本.心理科学进展，18(7):1161～1167.

张宁俊，朱伏平，张斌.(2013).高校教师职业认同与组织认同关系及影响因素研究.教育发展研究，33(21):53～59.

张巧明，崔焕娟.(2007).大学生心目中理想教师的因素分析.

心理与行为研究，(3)：220～223.

张巧明.(2014).初中学生心目中的理想教师形象研究.教育理论与实践，34(32)：32～33.

张琴秀，王瑞钰.(2018).企业幼儿园教师人格类型与职业认同的关系分析.陕西学前师范学院学报，34(11)：1～6.

张松祥.(2016).小学全科教师的价值辨析、实施阻抗与突破策略.教育理论与实践，36(26)：23～26.

张松祥.(2015).小学全科教师培养的焦点问题与对策研究.教育发展研究，(15)：52～57.

张晓辉，赵宏玉，李庆安等.(2017).不同来源教师支持对师范生职业效能及职业认同的作用差异研究.教育学报，13(2)：77～84.

张晓辉，赵宏玉.(2016).教师支持对免费师范生教学效能感和教师职业认同的影响.中国特殊教育，(5)：75～82.

张新娟，黄家群，马慧芳等.(2015).西藏地区小学教师职业认同状况调查研究.苏州教育学院学报，32(3)：105～108.

张旭东.(2015).农村中小学教师抗挫折心理能力现状解析.现代中小学教育，31(11)：89～92.

张绚.(2017).新生代大学生就业需求导向研究——基于上海大学生对辅导员工作满意度的调查.调研世界，(9)：27～30.

张艳，张立鹏.(2018).“以学习者为中心”的高校人才培养模式研究.黑龙江高教研究，(8)：83～86.

张焰，黄希庭，阮昆良.(2005).从青少年学生的评价看教师的人格结构.心理科学，(3)：663～667.

张燕，赵宏玉，齐婷婷等.(2011).免费师范生的教师职业认同与学习动机及学业成就的关系研究.心理发展与教育，27(6)：633～640.

张月.(2018).中小学教师职业认同影响因素研究.(硕士)，武汉：华中师范大学.

张喆，史慧静.(2014).基于社会生态学观的校园欺负行为研究进展.中国学校卫生，35(5)：794～797.

张紫薇.(2014).我国小学教师合作教研的现状与特点——以山西省小学为例.教学与管理，(27)：34～37.

赵飞，龚少英，郑程等.(2011).中学教师择业动机、职业认同和职业倦怠的关系.中国临床心理学杂志，19(1)：119～122.

赵宏玉，齐婷婷，张晓辉，闾邱意淳.(2011).免费师范生的教师职业认同：结构与特点实证研究.教师教育研究，23(6)：62～66.

赵宏玉，兰彦婷，张晓辉等.(2012).免费师范生教师职业认同量表的编制.心理与行为研究，10(2)：143～148.

赵黎明，史慧.(2015).高校人才培养模式的实证研究.天津大学学报(社会科学版)，17(3)：204～209.

赵新亮.(2019).提高工资收入能否留住乡村教师——基于五省乡村教师流动意愿的调查.教育研究，40(10)：132～142.

郑桂芳.(2011).城乡中小学教师职业认同的比较研究.社会心理科学，26(8)：85～88.

郑剑虹，黄希庭，张进辅.(2003).梁漱溟人格的初步研究.心理科学，(1)：4～7.

郑文樾主编.(2007).乌申斯基教育文选.北京：人民教育出版社.

郑育琛.(2017).现代大学学生管理和服务制度的审视与完善.教育评论，(4):56～59.

中华人民共和国民政部.(2018).图表：2018 年农村留守儿童数据.https：//baike.baidu.com/reference/1968574/f7f65CXvSyaP-XfEo8yGNjgLWkKnLBoHb1Gv8ycgOsMEHqJUFrzBilJ30aUkCKB-fY39oC_6qIee5_iJA6PoOYAVsH9zo3EUaOgIBIbIxaZzkUsOIk-QFq7Cq1CRzIgZg.

周春娟.(2015).平行志愿背景下提升高校招生宣传实效性研究.教育与职业，(20):32～34.

周海银.(2015).普通高校课程建设的向度——基于山东省普通高校毕业生课程满意度的调查.教育研究，36(10):37～46.

周浩，龙立荣.(2007).公平敏感性研究述评.心理科学进展，(4):702～707.

周珂，王崇喜，周艳丽.(2012).体育教师职业认同的结构与量表编制研究——以中学体育教师为例.北京体育大学学报，35(3):93～98.

周珂.(2010).中学体育教师职业认同研究.(博士)，开封：河南大学.

周文霞，潘静洲，庞宇.(2013).“关系”对个体职业发展的影响：综述与展望.中国人民大学学报，27(2):148～156.

周兴平，程含蓉.(2018).浙江省农村小学全科教师定向培养计划实施调查.上海教育科研，(6):5～8.

周雅，刘翔平.(2011).大学生的性格优势及与主观幸福感的关系.心理发展与教育，27(5):536～542.

周兆海，邬志辉.(2018).知识现代化与农村教师社会地位边缘化.当代教师教育，11(4):23～28.

周兆海.(2018).礼制规约：教师社会地位的社会依托及其弱化.当代教育科学，(4):8～11.

周兆海.(2019).教学性知识：教师社会地位的基础.教师发展研究，3(2):81～86.

朱伏平.(2012).中国高校教师职业认同与组织认同研究.(博士)，成都：西南财经大学.

朱建芳，杨晓兰.(2009).中国转型期收入与幸福的实证研究.统计研究，26(4):7～12.

朱立明，马振，冯用军.(2019).我国教师专业素养测评指标体系的构建.教育科学研究，(12):80～87.

朱彤彤，张爱琴.(2019).核心素养：培养乡村小学全科教师的新视角.基础教育研究，(7):24～26.

朱晓伟，周宗奎，谢和平等.(2019).中小学教师师德的社会期望与评价——基于公众与教师视角的实证调查.北京师范大学学报(社会科学版)，(1):53～58.

朱旭东，胡艳.(2009).中国教育改革30年(教师教育卷).北京：北京师范大学出版社.

朱智贤.(1989).心理学大词典.北京：北京师范大学出版社.

邹红兵.(2011).我国农村居民收入水平与幸福感关系研究综述.安徽农业科学，39(22):13803～13804.

邹慧明，刘要悟.(2014).湖南长沙城区初中教师职业认同状况调查.教师教育研究，26(5):42～49.

夏茂林，王宁宁.(2015).义务教育教师流动问题的非正式制度探析.教师教育研究，27(1)，23～26.

Beijaard D，Verloop N，& Vermunt J D.(2000). Teachers' perceptions of professional identity：An exploratory study from a personal knowledge perspective. Teaching and teacher education，16(7)：749～764.

Beijaard D.(1995). Teachers' prior experiences and actual perceptions of professional identity. Teachers and Teaching：Theory and Practice，(1)：281～294.

Beltman S，Glass C，& Dinham J，et al.(2015). Drawing identity：Beginning pre-service teachers' professional identities. Issues in Educational Research，25(3)：225～245.

Berliner，D C.(2004). Describing the behavior and documenting the accomplishments of expert teachers. Bulletin of Science Technology & Society，24(3)：200～212.

Brickson S D.(2000). The Impact of Identity Orientation on Individual and Organizational Outcomes in Demographically Diverse Settings. Academy of Management Review，25(1)：82～101.

Bullough R V，Baughman K，& Berliner D C.(1997). "first-year teacher" eight years later：an inquiry into teacher development. New York：Teachers College Press.

Bullough R.(2001). Uncertain Lives：Children of Hope，Teachers of Promise. Teachers College Press.

Canrinus E T，Helms-Lorenz M，& Beijaard D，et al.(2011). Profiling teachers' sense of professional identity. Educational studies，37(5)：593～608.

Canrinus E T，Helms-Lorenz M，& Beijaard D，et al.(2012).

Self-efficacy, job satisfaction, motivation and commitment: Exploring the relationships between indicators of teachers' professional identity. European journal of psychology of education, 27(1):115～132.

Cheung H Y.(2008). Measuring the professional identity of Hong Kong in-service teachers. Journal of In-service Education, 34(3): 375～390.

Connelly M, & Clandinin J.(1999). Shaping a professional identity: Study of educational practice. London, ON; The Althouse Press.

Flores M A, & Day C.(2006). Contexts which shape and reshape new teachers' identities: A multi-perspective study. Teaching and teacher education, 22(2):219～232.

Gazelle.(2006). Class climate moderates peer relations and emotional adjustment in children with an early history of anxious solitude: a child x environment model. Developmental Psychology, 42(6):1179～1192.

Graham R, & Young J.(1998). Curriculum, identity, and experience in multicultural education. The Alberta Journal of Educational Research, 44(4):397～407.

Hambleton R K, Swaminathan H, & Algina J, et al.(1978). Criterion-Referenced Testing and Measurement: A Review of Technical Issues and Developments. Review of Educational Research, 48(1):1～47.

Hekman D R, Steensma H K, & Bigley G A, et al.(2009). Effects of organizational and professional identification on the relationship between administrators' social influence and professional employees' adoption of new work behavior. The Journal of applied psychology，94(5)：1325～1335.

Holt-Reynolds.(1991). The dialogues of teacher education：Entering and influencing preservice teachers' internal conversations. conversations. Research Report 91—94，East Lansing. MI：National Center for Research on Teacher Learning.

Hong J Y.(2010). Pre-service and beginning teachers' professional identity and its relation to dropping out of the profession. Teaching and teacher Education，26(8)：1530～1543.

Kelchtermans G.(2000). Telling dreams，a commentary to Newman from a European context. International Journal of Educational Research，33：209～211.

Koster B，Korthagen F A J，& Schrijnemakers H G M.(1995). Between entry and exit：How student teachers change their educational values under the influence of teacher education. In E Buffet，& J. A Tschoumy(Eds.)，Choc démocratique et formation des enseignants en Europe. Lyon：Proses Univcrsilaircs de Lyon.

Kremer L，& Hofman J E.(1981). Teacher's Professional Identity and Burnout. Research in Education，34：89～93.

Lamote C，& Engels N.(2010). The development of student teachers' professional identity. European Journal of Teacher Education，33(1)：3～18.

Lincoln Y，& Guba E.(1985). Naturalistic inquiry. New York：Sage.124～127.

Mael F, & Ashforth B E. (1992). Alumni and their alma mater: A partial test of the reformulated model of organizational identification. Journal of organizational Behavior, 13(2):103～123.

Moore M, & Hofman J E. (1988). Professional identity in institutions of higher learning in Israel. Higher Education, 17 (1): 69～79.

Paechter C, & Head J. (1996). Gender, Identity, Status and the Body: life in a marginal subject. Gender and Education, 8(1): 21～29.

Park S K. (2009). Through The Voice Of Induction Teachers In Korea: The Journey To Become An Early Childhood Educator. The University of Georgia.

Patton M Q. (1990). Qualitative Evaluation and Research Methods. Newbury Park: Sage.

Penick N I, & Jepsen D A. (1992). Family functioning and adolescent career development. The career development quarterly, 40(3): 208～222.

Podsakoff P M, MacKenzie S B, & Podsakoff N P. (2012). Sources of method bias in social science research and recommendations on how to control it. Annual Review of Psychology, (63):539～569.

Proweller A, & Mitchener C P. (2004). Building teacher identity with urban youth: Voices of beginning middle school science teachers in an alternative certification program. Journal of Research in Science Teaching, 41(10):1044～1062.

Sachs J. (2001). Teacher professional identity: competing discourses, competing outcomes. Journal of Education Policy, 16(2): 149～161.

Samuel M, & Stephens D.(2000). Critical dialogues with self: developing teacher identities and roles—a case study of South African student teachers. International Journal of Educational Research, 33(5):475～491.

Sleegers P, & Kelchtermans G.(1991). Inleiding op het themanummer: prefessionele identiteit van leraren(Introduction to the theme issue: Teachers' professional identity). Pedagogisch Tijdschrift, 24(4):369～373.

Smagorinsky P, Cook L S, & Moore C, et al.(2004). Tensions in learning to teach: Accommodation and the development of a teaching identity. Journal of teacher education, 55(1):8～24.

Starr S, Ferguson W J, & Haley H L, et al.(2003). Community Preceptors' Views of Their Identities as Teachers. Academic Medicine, 78(8):820～825.

Starr S, Haley H L, & Mazor K M, et al.(2006). Initial Testing of an Instrument to Measure Teacher Identity in Physicians. Teaching and Learning in Medicine, 18(2):117～125.

Strauss A, & Corbin J.(1990). Basics of qualitative research: Grounded theory procedures and techniques. Newbury Park: Sage.

Van den Berg R.(2002). Teachers' Meanings Regarding Educational Practice. Review of Educational, 72(4):577～625.

Meyer J P, Allen N J, Smith C A.(1993). Commitment to organizations and occupations: extension and test of a three-component conception. Journal of Applied Psychology, 78(4) : 538～551.

Diener E, Suh E, & Lucas R E, et al.(1999). Subjective well-being: Three decades of progress. Psychological Bulletin, 125(2): 276～302.

Duan W, Ho S M Y, Bai Y, et al.(2012). Factor Structure of the Chinese Virtues Questionnaire. Research on Social Work Practice, 22(6):680～688.

Gallagher M W, Lopez S J.(2009). Positive expectancies and mental health: identifying the unique contributions of hope and optimism. Journal of Positive Psychology, 4(6):548～556.

Peterson C, Seligman M E.(2004). Character strengths and virtues: A handbook and classification. New York: Oxford University Press.

后　记

历时三年多，本书的撰写终于告一段落。研究准备和成果撰写阶段，先后查阅了两百多万字的文献资料；研究实施阶段，共调查了两千余名小学全科教师。回顾整个过程，尽管付出了极大的努力，研究取样、策略实践等方面可能还存在某些遗憾。在本书完成之时，满足感、获得感和成就感不禁油然而生。即使本书是一本独著，也离不开亲密师友的守望相助。

首先，特别感谢我的恩师黄希庭教授给予的无私指导。虽然已经毕业了几年，离开了黄先生的近距离督导；但年过八旬的黄先生依然惦记着我的科研进展，总是提醒我科研不可荒废，只要遇到与我的研究方向相关的学术文献、微信推文等都会第一时间发给我。每每黄先生问起最近有没有新的研究想法或成果，我都深感汗颜，有愧于当年跟随黄先生做研究时所给予的悉心教诲。在黄先生的指导下，有幸获得了全国教育科学规划项目的立项，立项后黄先生对作为该项目主要成果的本书从标题提炼、逻辑架构等诸多方面提出了不少有益的建议。可以说，本书的研究路径和脉络，就是黄先生所提人格研究中国化思想在教师职业认同感领域的体现。

其次，还要感谢参与本书数据收集工作的孙梦阳、唐宋、高欢欢、翟永庆、田林红、颜会、何磊、高良、黄玉、陈小池、周楠等小学全科教师们，他们为小学全科教师职业认同感的深度访谈、开放式调查、量表编制的数据采集提供了直接的帮助。同时，也要感谢所有参与本书中实证研究的热心“被试”，他们认真、严谨的回答是保证本书研究结果科学性和有效性的重要前提。此外，还需要对刘华鱼编辑等出版社工作人员在本书排版、编校、出版等事宜中的辛勤付出表示由衷的谢意。

最后，家人的支持是顺利完成本书稿的重要保障。初为人母，既充满喜悦也颇为焦虑。喜悦源自孩子的欢笑与成长，焦虑则缘于未能为孩子付出更多时间精力，家人则承担了更多照顾孩子的责任。在此，对我亲爱的家人致以真诚的感谢。

图书在版编目(CIP)数据

成为卓越教师:小学全科教师职业认同感研究/程翠萍著.—上海:上海人民出版社,2020
ISBN 978-7-208-16822-0

Ⅰ.①成… Ⅱ.①程… Ⅲ.①小学-教学研究 Ⅳ.①G622.0

中国版本图书馆CIP数据核字(2020)第221538号

责任编辑 刘华鱼
封面设计 一本好书

成为卓越教师
——小学全科教师职业认同感研究
程翠萍 著

出　　版 上海人民出版社
(200001 上海福建中路193号)
发　　行 上海人民出版社发行中心
印　　刷 上海商务联西印刷有限公司
开　　本 890×1240 1/32
印　　张 8
插　　页 2
字　　数 250,000
版　　次 2020年11月第1版
印　　次 2020年11月第1次印刷
ISBN 978-7-208-16822-0/G·2055
定　　价 48.00元